JN021607

記述の力は、コツコツと続けることが近道です。短期の学習で実力を身につけることはできません。

200字という字数は、800字文章の基本として書きやすい文章の長さです。200字作文のコツをつかめば、応用して1000字や2000字の長い文章を書けるようになります。

* * * * *

こんな人におすすめの本です

1章〜5章は、好きな課題から取り組む

1章から順に取り組む必要はありません。書きたいもの、書けそうなものから書けばよいのですから、どれを選ぼうかな、と、書くことを楽しみましょう。

0章でウォーミングアップ

0章は、作文が苦手な人は、構成メモをつくるワークです。作文を書く前に「構成メモ」をつくる方法を身につけましょう。

① 課題文をしっかり読む　「書き方のポイント」は自己添削にも利用する

課題文はしっかり読んでから作文を書きます。「書き方のポイント」には、どんな作文を書くといいのか、何が問われているかが書かれています。作文を書く前にしっかり読んで、どんな文章を書くといいかを最初に把握しましょう。

「書き方のポイント」は自己添削のときにも手本として利用できます。自信のある人はポイントを外れていないか、自己添削するときにも確認するとよいでしょう。

② 構成メモはヒントを参考に、作文を書きはじめる前に書く

読んで、自分の作文を書いていきます。作文の書き方のポイントは「書き方のポイント」に沿っていきます。

構成メモはヒントを参考に何を書いたらいいかわからない人は、作文を書く前に薄い文字で書いてある構成メモのヒントをなぞって書いてみましょう。構成メモに何を書いたらいいかわからない人は、参考にしてください。

③ 自己添削しよう

自分の作文を自分で添削することは、作文上達のコツの一つです。振り返りメモには「自己添削の改善点ポイント、作文の感想、作文の改善点」などを書く欄もあります。振り返って書いたことを今後に参考にして、自分の作文を自己チェックしましょう。

自己添削には巻末のチェック表も活用

誤字脱字はないか、常体と敬体が交ざっていないか……などを振り返るときには、巻末のチェック表が活用できます。切り取ってメモするとし、机に貼るなどして、作文を書いたら、作文を振り返る。

チェックリストは巻末にあります。コピーするなどして、今後に参考にして自分の作文を自己チェックしましょう。

勉強の合間に１３０ページからパラパラと見るだけでＯＫです。「作文をつくる」「文をつくる」上手に書くためのポイントや勉強方法をまとめています。

「文章上達のポイント」は勉強の合間に

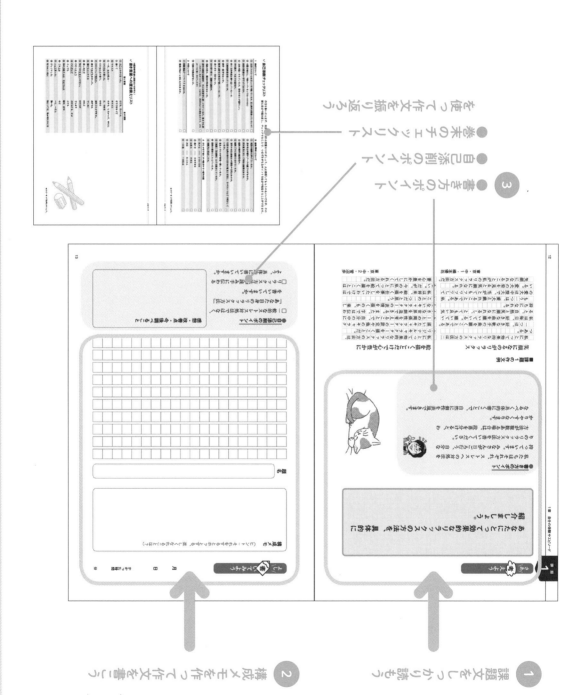

●書き方のポイント

●自己添削のポイント

●参考末のチェックリストを使って作文を振り返ろう

③

② 構成メモをつくって作文を書こう

① 課題文をしっかり読もう

まほうオニーバンプ

書くじゅんびができました…
というわけ、またこの章
からはじめてみましょう。

0章

作文の課題に取り組むときは…

たとえば「将来住むなら都心？田舎？」

1 ゴールを決める

わたしは都心派	ぼくは田舎派

わたしは都心派
① 買い物や遊びに行くのが便利
② 交通が発達している
③ さまざまな催しに参加しやすい

ぼくは田舎派
① 空気がきれい
② 景色がきれい
③ 大家族で暮らせる

2 論拠を考える

さらにもう一歩
反対意見の人を納得させられる論拠を

3 論拠の順番や長さを考える

最近参加した催しのことから…

次の田舎の風景をくわしく…

ここまでメモを作ってから
原稿用紙に向かう

ここまでメモを作ってから、原稿用紙に向かいましょう。

1

「将来住むなら都心？田舎？」という課題を例に説明します。

まず、都心か田舎か？どちらを見てゴール（主張・結論）を決めます。

左のイラストを見てください。

2

次に、得させられるその論拠を選んだ論拠を三つにゴールの論拠と選んだ論拠から、都心か田舎か？どちらのゴールにつながる理由（論拠）を考えます。反対意見の人を納得

3

論拠のうち、どの論拠をどの順番で、どの程度の字数で書くかを考えましょう。作文の順番で、論拠の数や長さを考えます。論拠の数や論拠の長さは、どの論拠をとして調節します。200〜400字なら論拠が二〜三つで十分です。説得力があるか考えます。

0章　まずはウォーミングアップ

書けない原因のナンバーワンは、ゴール、つまり主張・結論が決まらないこと。ゴール、つまり原因のこれは、自分がどこに行くのかわからないまま歩き出しているから。まず主張・結論を決めてから書いてみるように一歩踏み出してみよう。

	女子校・男子校は必要？		私が旅をするなら○○がいい			将来なれるとしたらどちらがいい？	
	必要	必要ではない	鉄道	飛行機	船	社長	副社長
ゴールを選ぶ（マルで囲もう）							
論拠（理由）①②③							
論拠の順番や長さ							

▲上の例を参考に三つのテーマで構成メモをつくってみよう

ここまで構成メモがつくれたら、作文が書けそうな気がしますよね！

一章

自分の体験をエピソード

自分のことは、比較的書きやすいと
思います。入試のときに提出する
「自己推薦書」を書く練習にもなりますよ。

■課題１の作文例

橋本優花　東京・中・１

私は、好きな歌手の曲を聴くことが効果的なリラックスの方法だと思う。好きな曲を聴くと、自然と笑顔になり、良い気持ちになるからである。好きな曲を聴いていると、うきうきしてくるし、歌詞にも元気づけられる。笑顔になると良い気持ちになる。

笑顔になるのは

菅沼歩　東京・中・２

私は、絵を描くことが一番心が落ち着く。絵を描いていると、今、将来のことを思うことができる。絵を描くことは、自分だけの世界へとキャンバスという一つのキャラクターを創造したり、想像力をかきたてる、とても効果的な方法だと思う。一つのキャンバス上で自分だけの世界を創ることができるし、設定や他のキャラクターを描くことは、自分だけのキャラの表情を描くことは、いろいろな描き方があり、絵は自分の気持ちを伝えるものだから楽しい。

絵を描くだけで心が豊かに

● 書き方のポイント

私たちはそれぞれストレスを持ったとき、自分なりの対処法を持っています。それはストレスがたまる場面は人それぞれだからです。ストレスがたまったら、自分なりの方法がいくつかあると、ストレスへの対処へといきます。日ごろの自然に、自然に段落を分けると、自分の個性を表現できます。なるべく具体的に書いて、わかりやすくなります。

あなたにとって効果的なリラックスの方法を、具体的に紹介しましょう。

さあ！
考えよう

課題
１

●自己添削のポイント

□「一般的なストレス対処法ではなく、あなた自身のリラックス対処法が読み手に伝わっていますか。

□あなたのリラックス方法を、より具体的に書いていますか。

感想・改善点・今後調べること

題名

構成メモ

（ヒント：それぞれのポイントを、楽しくなるように…）

書いてみよう　よし！

月　日　かかった時間　分

■課題2の作文例

ＮＹで観劇したい

東京・高2　村田杏奈

観たい舞台を友達と共に観たい。私が憧れる
観劇は、一人でも多くのミュージカルを実現する
作品を主人公と共に、レビューで実現を表現した
ジュース公会堂の舞台を観たい。

格安航空会社（ＬＣＣ）は交通費を削減するため、
航空券の始発の最終便を利用したい。宿泊は、
ジュースの観劇、ブロードウェーの一週間を
また最終便を予約したため、往復の飛行機の計
を買ったため。仕事だったときは、ニューヨーク
しまう。作品に出会えるブロードウェーに憧れ
いけないとき、エンターの観劇に憧れ、一週間
作品世界に憧れて、一週間一週間

憧れのホテルに隣に…

東京・中2　長谷川まりか

その理想の未来は
イタリアのベネチアの
入り江の有名な
1日一泊だけど
新婚旅行をしたい
その隣に
旅行にいきたい
だんなさんと過ごし、
高級なホテルに過ごしたい、
青い海に青い空、
そのベランダで
ホテルの名前は
宿泊するんだけど、
入り江のベネチアの、
その未来のホテルは
1日一泊だけど
ホテルのベランダで
朝食を食べたい果物
だらだらと過ごす
だから旅行だ

●**書き方のポイント**

人生は旅、旅は人生とも言われます。
旅は日常を離れ、人生を彩り、
あなたが憧れる旅はどんな旅でしょうか。
同行者の有無など、
その旅にしたいと考える理由とともに、具体的に
書くこととして、読み手
に気持ちが伝わります。そのような旅をしてみたいと考える心を開放し、
旅は日常から出かけてみたら、私たち

説明的に
いう移り変わりを
彩る、

目的地や交通手段、同行者の有無など、具体的に
説明し。

「いつか実現したい憧れの旅について、具体的に説明しましょう。」

課題2　さあ考えよう

●自己添削のポイント

□目的地、交通手段、同行者の有無
など、具体例を挙げて説明して
いるか

□理由を説明していますか。

感想
改善点・今後調べること

題名

構成メモ
（ヒント……）
どこに行く？　何をする？
ひとり旅か、それとも誰かと一緒に行く？
なぜ、その旅？
交通手段は徒歩、自転車、電車、飛行機、船
……？

書いてみよう

月　日　かかった時間　　分

■課題3の作文例

車で温暖化対策

和歌山中・2　山口晴華

二酸化炭素の排出量を少しでも減らすために、車に乗る距離を短くして歩くようにしよう。「車を使わない日」の環境にやさしく、空気もきれいで、健康にも良い環境ができる。車に乗らずに歩くことで、地球温暖化を防ぐための面倒な環境によい「車を使わない日」。健康にも良いと思います。

電気フリーで不便さを体験

新宅優喜　和歌山中・1

車がないとすごく不便だと思うので、私は「車フリー」の日を一日作ってみるとよいと思う。電車はあるけれど、その時間にその電車が来るとは限らない。電気のありがたみを知るためにも、不便な電気を一日だけ体験してみたら、電気のありがたみが分かるかもしれない。災害で停電し、電気が使えなくなった時には不便だと思うし、電気が便利で使いやすいことが分かると思う。「電気フリー」の一日を自分で理由を知れば、電気のありがたみを体験できると思う。

●書き方のポイント

・「○○フリー」を定義し、「○○」とは何かを示しましょう。何かから解放される日か、何かから拘束から解放された状態か、説明する。

・たとえば、「スマートフォンフリー」とは、スマートフォンを使わない日だとしたら、何が起こるかを想像してみましょう。どんなことが起こるでしょうか。

・日々の生活の一日に「○○フリー」を入れたら、どうなるでしょうか。

もしも○○から解放される自分自身に「○○」する日とか、考えたことをへらべるなら、何を「○○フリー」の一日をつくるなら、何をしよう。

1章　自分の体験やエピソード

課題 **3**

さあ／考えよう

●自己添削のポイント

□「〇〇について」の日が設定されていますか。

□「テーマ」の定義を間違えていませんか。

感想・改善点・今後調べること

題名

構成メモ

（ヒント：解放されるように、困るものはなんだろう。）

書くトレーニング

月　日　かかった時間　分

■課題4の作文例

和歌山・中2　岡大祐

食事の前に言う言葉

「いただきます」
なくなし飯を作ってくれた人に「いただきます」と言うのは知らないけど、誰かが作ったご飯を食べる時「いただきます」と言うのは、感謝の気持ちだ。この言葉は感謝の気持ちを込めて言う言葉だ。自分が誰かにこの言葉を言われたら、自分の作った料理を紹介できます。感謝の気持ちだ。自分が誰かにこの言葉を言われたら「いただきます」

和歌山・中1　矢守咲月

私はこの言葉が気づきます。
成長させてくれる言葉です。
私はこの言葉を思い出して行動に気づき、「向かい合う私は」前向きになるし、どんなときも「負ける」より、考えてだけど、それだけどもし、
たとえば野球の試合で、試合前に立ち向かって勝てると思うだけで勇気がもてる言葉「勝つと思えば勝つ」

監督の言葉「勝つと思えば勝つ」

●書き方のポイント

・友人のような言葉とは、自分にとってどんな言葉ですか。その言葉は勝負時に背中を支えてくれる言葉。

・私たちの大切な言葉。たとえば、その言葉は自分の勝負時に背中を押してくれるのか、自分にとって具体的に説明しましょう。

・自分にとってどんな言葉があるのか、その言葉とどこで出会ったのか、具体的に説明しましょう。

・あなたにとって、その言葉はどのような意味があるのか、有名人の言葉なのかなど、その言葉にまつわる名言です。友人と連れていってくれる言葉や、世界へ連れていってくれる言葉。

あなたにとって友人のような「言葉」を、エピソードとともに紹介してください。

課題4　さあ/考えよう

● 自己添削のポイント

□ 誰が言ったどのような言葉が、伝わるように書いていますか。

□ その言葉のどのような意味があったのか、書いていますか。

□ 自分にとってどのような出会いだったのか、書いていますか。

感想
改善点・今後調べること

題名

構成メモ
（ヒント：どんなときにつかいますか？
あなたのすきなことばは？
の言葉にあるかな？　本、漫画、歌、先生や家族や友達
その言葉を何に励まされましたか？）

書くヒント

月　　　日　　かかった時間　　　分

■課題5の作文例

岡山・中・2　寺嶋元美

邪馬台国

私が実際に会ってみたいと思う歴史上の人物は卑弥呼だ。

卑弥呼という人物は歴史上、本当にいた人物なのか。卑弥呼の人気を見てみたいと思った中で、卑弥呼になった気持ちを見てみたい歴史上の人物は卑弥呼だ。

卑弥呼という人物は中気だったのかな。安定させた卑弥呼になった人物は。

お世話い使いだったのかな。お使いの召し使い人物は中気だったのか。

身の回りのお世話いも、召し使い千人もいたという卑弥呼・女王に会わせたい。

卑弥呼という争いがあったのかとみてみたいと思った。

岡山・中・1　寺嶋元美結

邪馬台国

現代にもいるのだろうか。

忠敬のことが忠敬から伝わってきたとしたら敬するたんだろうと断れるとだとしか、昔からも行動し、船から測り、実際に測量だけで正確な地図を作った忠敬はとても敬い、どうしたらこんなに正確な地図を作れるのか、どうしたらできるか、私は図を案内してみたい。

図を案内図を案内図を案内役になって測量したんだ。

図を案内図役になって歩いてみたいと思った。

伊能忠敬

●書き方のポイント

だれに会ってみたいのか、人名を答えなさい。

時代や会った国は自由だ。会った人とその時の理由、歴史上の偉人は誰で、どんな人物だったらどんな人を紹介して、人を飛び越えてよいでしょう。その理由の流れを確認して間違えないように、時代や会った人とその国はえるか、会った国は、する問題などを調べてみたい。

課題
5

さあ
考えよう

あなたが実際に会ってみたい歴史上の偉人を1人挙げ、その理由を説明してみてください。

書いてみよう

● 自己添削のポイント

□ 人名や国名を確認しましたか。

□ なぜそう思いますか。理由を書いていますか。

□ 会ったことがない人を具体的に挙げて

感想・改善点・今後調べること

題名

構成メモ
（ヒント：歴史の授業やテレビなどで興味を持った人物は？　はその人物に興味をもった？　その人物に興味を持った人は？　何をした人？　なぜ　私な

月　　　日　　かかった時間　　　　分

■課題6の作文例

東京・中・2　金崎文裕

手帳とスマホを併用

友達と集合する時間や場所はスマホで確認することが多いです。でも、遊びに行くときや大会で行くときなど、スケジュールを管理するためには手帳やカレンダーを書き出した方が便利です。日々のことを書きとめるためにも、部活や家での日々の活動を、手帳とスマホを併用して書くことにしています。

東京・中・2　長瀬磨弥

カレンダーを使って1ヶ月先まで予定を立てる

ぼくはノートに、スケジュールをメモしています。そのノートには遊びの予定も、テストの予定も、部活の予定も何でも書いています。スマホのスケジュール機能も使っていますが、ぼくはカレンダーに書く方が有効だと思います。決めた予定を日々確認して、決められた休みの日は何をするか、遊ぶときは友達と何時に会うかが見えるので、1ヶ月先まで予定を立てることができます。

● 書き方のポイント

最近は手帳やスケジュールアプリ（スマホ）が一般的で、便利な機能が...

以前は手帳やスケジュール帳が10代のみなさんにも便利な道具...

学習や部活で忙しいですよね。自分のみなさんはどんな工夫をしているでしょう。具体的に書いてみましょう。

課題 6　さあ！考えよう

あなたのスケジュール管理の方法について、使っている道具や工夫していることを具体的に書きましょう。

●自己添削のポイント

□ あなた自身の工夫を書いていますか。

□ 使っている道具や、相手に伝わるように、ポイントを具体的に書いていますか。

感想・改善点・今後について

題名

構成メモ
（ヒント：手順、使うタイミング、ポイントなどがあるといいかも。）

書いてみよう

月　　　日　　かかった時間　　　分

■課題7の作文例

成長する主人公

神奈川・中・2
櫻井絵乃

逆境に努力する青春が立ち向かう日向だが、低く目立つ印象的で、勝ち進むごとに感動する。欲をそそられる、数々の強豪校を目指す日向が「インターハイ」と同じく成長する主人公に感動する作品である。主人公のバスケットボールに対する強い不利な魅力がスキューッ……。

いじめを乗り越える少年に共感

神奈川・中・2
休田花

全国にある日向の境地に努力する人々のことを紹介する本を紹介したい。私はこの本の主人公をすすめたい。一人で必ず面白いと心から勧め、いろいろな状況である、困難さを乗り越えて、家族の絆を築けるように励み、信頼関係を築き「R」を乗り越え、私はこの少年の小説に共感した。だれにもわからないように……。

●書き方のポイント

新しみなさんにおすすめの小説や漫画、未読の人にも心の奥に届く。

ただし本は1冊、あるいは1編で。その本の魅力は何か。

著者名や題名は正確に書きます。記憶に頼らず必ず確認してください。

伝わるような短文で紹介してください。

しょう。

考えよう／さあ

課題 7

あなたがすすめたい小説や漫画（アニメ・ページもの）は1冊（あるいは1編）を紹介してみましょう。

●自己添削のポイント

□作品を一つ選んで書いていますか。

□未読の人にも内容と書物の魅力が伝わる文章ですか。

□著者名と書名は、正確に書いていますか。題名は実物や公式サイトで確認しよう。

感想・改善点・今後調べること

題名

構成メモ
（ポイント：自分が好きな小説や漫画は？　内容を簡単に説明するとしたら…。）

書いてみよう

月　　　日　　かかった時間　　　分

■課題8の作文例

東京・高・2 吉田佑乃

一人の時間で心に余裕を

孤独というのは人間にとり、一度は距離を取りたいものだと思う。というのは本を読んだり、ゲームをしたり、映画を見たり、マンガを読んだりと、一人でアウトプットするものが多く、大事だからだ。一人でいると余裕がない、心に余裕が少ない。一日に出来る時間が少なく大事だ。一人でアウトプットするものが多く、大事だからだ。心に余裕がないと他人にたよりがちになる傾向にあると思う。

東京・高・2 お止奥

一人の時間を楽しむための孤独に慣れる

他人とすごすのも大好きであるが、一人ですごす時間も大切だと意識的に大切にしよう。お風呂や就寝前など、音楽を聴いたり、本を読むことが私の孤独の付き合い方だ。一人の部屋に帰ってくる時間、実際に一人となる時間が必要だ。日々の中に情報が飛び込んでくるので、それを手放し、無になる時間で孤独に慣れる。

●書き方のポイント

孤独は人の成長に必要なものだといわれています。みなさんは人との孤独とどのように向き合っているのでしょうか。自分なりの孤独とのつきあい方を言語化してみましょう。「孤独とのつきあい方」を書くことがこのレポートのポイントです。

> 「孤独とのつきあい方」について、自分なりの方法を書きましょう。

課題 8
さあ／考えよう

●自己評価のポイント

□孤独について考えられたか。自分なりの「方法」を書けていますか。

感想・
改善点・今後に
いかして

（空欄の原稿用紙）

題名

構成メモ

（コメント：孤独を感じていても、私なりにはならなくていこうとしている。）

✍ 書いてみよう

月　　　日　　かかった時間　　　分

■課題9の作文例

群馬・中2
戸田和志

人の役に立つ医者になりたい

「私は将来、人の役に立つ医者になりたい。人の役に立つ医者になりたいと思ったのは、近くの小児科の先生に頼りにしている医者が多いことに気づいたからです。小さいころ私はよく体調を崩していて、小児科の先生の病院に頻繁に通っていました。その先生は私の体の調子を崩していたことを決して面白い訓練をしていて、人の役に立つ医者になりたいと強く考えるようになりました。」

● 書き方のポイント

・将来、どのような仕事に就きたいか、何を実現できるかなどを書いてみよう。

・その仕事に就いてみたいと思ったきっかけを考えてみよう。

・興味や得意なことを考えてみると、意外な自分が発見できるかもしれません。

神奈川・高1
鈴木優香

看護職で社会に貢献

「私は将来、人の命の助産師看護として社会に貢献したい。看護師・助産師・保健師は女性も活躍できる双方の職だ。高齢化社会にお手伝いもすることは社会貢献も果たしてくれる強力な生命予防へと広くしてくれる強力だからこそ看護職に就きたい。命を助ける医師を支え、人の命に寄り添い、社会に貢献できる看護職に就きたいと思うので、人の命の高い医者看護へ。」

将来、どのような仕事に就きたいか、考えたことを書きましょう。

課題 9

考えよう（さあ）

● 自己添削のポイント
□ どのような仕事に就きたいか、具体的に書いていますか。
□ 理由を挙げていますか。

感想・改善点・今後に活かすこと

題名

構成メモ
（テーマ：どういう仕事？　その仕事をどうして選んだ理由は？　その仕事に就いた自分を想像するとどんな感じ？）

書いてみよう

月　　　日　　　かかった時間　　　分

2章

アイデアや提案

大人も学生も、ぜひチャレンジしてみてください。「アイデアや提案を求められる機会が増えています。アイデアや提案を書いてみたり、出題の意図を汲み取り、自分が提案する立場になったつもりで書いてみましょう。」

■課題1の作文例

食べ物祭りで移住者増

和歌山・中2・多持凛生

僕は「色川」という町のお祭りを知らないでしょうか。たいていのお祭りは食べ物やイベントが色々とあると思いますが、僕の住む町には食べ物祭りというお祭りがあります。この祭りでは、住民たちがそれぞれ自分の家でとれた野菜や食べ物を持ちより、色々な人に食べてもらう「食の集まり」を開催します。特産品や移住者を増やすため、俳優や大物歌手が参加し、町に人が来てくれるようになるだろうと思います。この祭りを通して、地元の特産品や景色、美しい自然を知ってもらい、その他色々なイベントも開催し...

● 書き方のポイント

みんなにイメージがわくような、具体的なアイデアやポイントを書こう

どんなルールやイベントなのかを具体的に書くことで、読む人が実際にポスターやチラシで、地元の芸術などをイメージできます。開催目的や、地元を盛り上げるへんを具体的に書いて、読む人に効果をなるべく理解できるように、具体的に書くことで、イメージが伝わります。

料理大会で子供と高齢者が交流

東京・中3・井上莉麻

私は地元の特産料理を使った、子供と高齢者が参加する料理大会を開くという活発な町おこしがあると思います。もともとその地元の人が高齢者なので、町の元気なあり方を取り戻す改善策として、子供と高齢者が参加することで、子供や家族の興味も高められると思うからです。お年寄りにとっても知り合いが増えるし、元気になると思うからです。この大会では地元の人々に認められるような大会をSNSなどで発信し、SNSで知ってもらえると思います。

考えよう

地元のもとに開催する特徴を生かした、どんなルール・競技・企画を提案しましょう。どんなイベントにしたいか、理由とともに説明しましょう。

● 自己添削のポイント

□ あなたの地元で実行する場合の、予想される効果の例を挙げていますか。

□ 開催目的やイベント名をしっかりしていますか。

□ 説得力のある肉やメリットをしっかりしていますか。興味を持てるような題名にしていますか。

感想・改善点・今後調べること

題名

構成メモ

（リレー：地域の特色？　どんなイベント？　今までにどんな効果があったか？　これから行われるイベントの名称は？）

■課題2の作文例

地震火災に備える
東京・中2　仲本冬馬

地震火災は木造の建物で起きることが多いという。だから、地震火災に備えて、木造の建物を火災に強いものにしたり、火が燃え広がりにくい道をつくったりするとよい。また、地震で建物が倒れないように、耐震補強をしたり、火事が起きると大きなけが人が集まるので、けが人を助けられるように、ものを確認できるよう、火がつかないようにしておく。

広い道を作る

波が出せないように、みんなで話し合い、多くの人から意見を見つけるとよい。住んでいる地域の中から見て、地震で建物が倒れたらという場合を考え、もしものときに有効な話し合いができる。みんなで提案し合い、全員で守れるよう会を開き、全員で守れるよう、全員参加するとよい。

地域全員参加の防災会
和歌山・中2　岡大祐

山崩れや津波、土砂崩れなどの恐れがある地域では、子どもからお年寄りまで色々な人が住んでいる。全員で守れると安心できる。地域の人全員が参加して、防災の話し合いをする会があるとよい。防災対策の有効な方法を提案し合い、全員で守れると、多くの人の意見が聞ける話し合いの会。

避難の丘
Evacuation Hill
丘の高さ　海抜10m

●書き方のポイント

現在、全国各地で地震・火災などの経験を生かした地域の防災対策が、風土や地形に合わせて行われています。ソフト面とハード面、どちらも大切です。建築物や設備などのハード面と、あなたの住む地域に合わせた具体的な提案をしましょう。

あなたの暮らす場所の住民として、未来の暮らしを守り、継承するまちの、命を守り場所を守りましょう。

あなたが住んでいる地域に役立つ防災対策を、具体的に提案しましょう。

さあ／考えよう

書いてみよう

● 自己添削のポイント

□ 自分が暮らす地域に合った対策を書いていますか。

□ 具体的な提案を書いていますか。

感想・改善点・今後調べること

題名

構成メモ

（テーマ：地域で起こる災害を防ぐ対策は？）

その災害を防ぐための対策は？ 行政がやることは？ 個人ができることは？……

地震、津波、水害、噴火 など

月　　　日　　かかった時間　　　分

岡山・中2・中山雅

ケータイは一ヶ月ちょっとかりに相手に多くのことが伝えられるが、伝えたいことが流されることが待ち受けているのではないかと思う。ケータイでは自分の時に自分の意見を言いたい時に自分の気持ちを受け入れてもらえるとは限らないので理不尽クレームに流してしまう。間違っているクレームでも自分の意見を言えなくなってしまうのではないか。大切だと思う。ケータイでは伝えにくいことを周囲の人が集まり話し合い、理不尽クレームに流されず自分の意見を言うことが大切だと思う。ケータイで伝えることは相手に流されることが待ち受けている。

■課題3の作文例

神奈川・高2・古川翔

薬局で働く人には薬剤師さんが多くいる。薬局の場所に集まり見られる所に名前をN Sたちが受けたり、薬の抱える問題を見られたり、薬局に来るや時に薬剤師は一人で対応する時は一人で対応し、共有し合う時間も保てないということもある。だから対策としては専用SNSだみ込まれば取り組める共有できる可能自営企業なら見れるだろう。だから自営のよい要がせきだ。共有対し人SNS

●書き方のポイント

重な新するに、クレームやクレーマー対するステータスするようなステートメントのようなもの

接客や対人援助に関わる現状を踏まえ、自分の意見をまとめているのは社会背景を過度な

「現場」の意見を取り上げる仕組みや働く人を守る仕組みやルール

周囲の大人に考えをぶつけてみるように取材してみよう。

よいでしょう。

常識の範囲を超える悪質なクレーマーから働く人たちを守るには、どのような対策が必要か、考えたことをケータイか書きましょう。

さあ/考えてみよう

課題 3

●自己添削のポイント

□働く人を守る具体的な対策を書いているか。
□どのような効果が予想されますか。

感想
改善点・今後調べること

題名

構成メモ
（ポイント：ワークを書き入れるときの気持ちなど）
・働く人を守るどんな仕組みとして……
同僚と互いにいつでもいつでも……

書いてみよう

月　　日　　かかった時間　　分

■課題4の作文例

神奈川中・2 酒井慎之助

毎週で廃校となるある一部だ。名僕だらしもしれない特別な食べたいと思うな日で自分のシェア活用場所れている食べものかるらシェア活用場所れている養殖地の祭りをする神奈川地域に特別な祭り市木用は活行事をしている廃校施設がある。

養殖場として自分の日常に

神奈川中・2 吉尾羽菜

もしれないように廃校となった特別な高級料理だと思う。な日だと思う。れをし食べる廃校は、人に場中らな学校として就学前のにや仕事をし、無料で私変える人やら子供たち用住え出しい仕事だと思うきるす場やりに子供や学習や遊に合育でられる廃校施設便利なもとり組むにしたいで形だ子供に大とり組にあはしいあり静粋や学習やで集めに

学習や遊び場に学習や遊び場や静粋や私用住子供や子供たち用住、無料で私の場、そして就学前のたり組にあり大事に

●書き方のポイント

児童・生徒数が減少するなどして統合される学校が増えています。それにともなって使われなくなった校舎を宿泊施設や近所の商店、地域に足りないものや必要な施設など、その理由とともにその廃校で活用するにはどのような活用案があるとよいでしょうか。「地域の特性や地域課題をふまえた活用例を具体的に提示しましょう。」という活用案を提示します。

もしも自分の居住地域に廃校施設があるとしたら、どのように有効活用すればよいか、具体的に提案してみましょう。

さあ！考えてみよう

課題4

2章 アイデアや提案

●自己添削のポイント

□自分の居住地域のこんな課題を踏まえて
提案していますか。
□具体的に書いていますか。
□「校舎」を活用するメリットが伝
わりますか。

感想・改善点・今後調べること

題名

構成メモ

（テーマ：地域の課題）
・はじめ：地域のどういう課題なの？
・なか：その解決策は？　地域にある小・中学校の
　　　　校舎を利用する
・まとめ：こうすれば解決できそうだ！

月　　日　　名前　　か

■課題5の作文例

ネット投票
神奈川・中・2 中田涼太

投票サイトが出来れば、私が有権者で楽に
投票できるのではないか。
若者は、なぜ投票に行かないのか。
私は「時間が空くから」「投票所が遠い」
「投票に手間がかかる」「多くの人が行っ
ている人が多いから行くという考えもあ
る」という考えがあると思う。
その対策として、ネット投票が出来れば、
若者は空き時間に投票を済ませることが出
来るし、多くの若者が投票しやすくなるの
ではないか。
投票に手間がかかるという人は、ネット投
票なら家でも行くことが出来るのではない
か。

お年寄りの扇動でCMの若者に危機感
神奈川・中・2 谷平 優

投票率1位の人が出来るというのは、
その周りの人も十代が多く、権力を私達
には「無駄だ」と見せかけ、投票を出来
ないようにさせるためだと思うので心配
だ。
だけど、そこはお年寄りの投票を煽り、お
年寄りだけが流れてしまうように、若者の
投票を嫌いにさせるように若者の意見が通
らないようにしているのだと思う。
だから、テレビのCMで若者に「お年寄り
に似たような意見が通りよい世の中になれ
ばいい」とお年寄りが若者を煽るようにし
て、若者に「お年寄りに流されるな」とい
う危機感を持たせることで、若者の投票率
が上がるのではないかと思う。
コ、それに似た世の中にしてはいけないと私
は思う。
上げることのためにお年寄りは「若者に流
される」というメッセージでCMの若者に危機感

衆議院議員総選挙における
年代別投票率（平成29年）
20代 34%
70代以上 61%

●書き方のポイント

中学生のみなさんは、まだ
選挙に行くことはできません
が、みなさんはだれに投票す
るか考えてみましょう。
若い世代は有権者になった
ばかりの18歳になると
投票率が低い若い世代は
低投票率の原因
世代による投票率の比較
べきに行いすることですね。み
なさんは先生や大人など、まだ
若者の投票率が低いと思いますか。み
なさんはどう分析してみましょう。そ
れを低投票率の原因を一人ひと
り考えてみましょう。そのうえで、具
体的な対策を考えてみましょう。

課題 5

さあ/考えよう

若い世代の投票率を上げるためにはどうしたらよいか。具体的な方法を提案してください。

●自己添削のポイント

□ 具体的な対策を書いていますか。

□ 若い世代に効果的な対策になっていますか。

□ どのような社会が望ましいか書いていますか。

感想・改善点・今後調べること

題名

構成メモ

（ヒント：若者の投票率が低いのはなぜだろう。どうすれば投票率が上がるだろう。もし自分だったら投票に行くだろうか。）

書いてみよう

月　　　　日　　　かかった時間　　　分

■課題6の作文例

フリーマーケットを活用

東京・2・中井新菜

買ったものに読み終わってしまった本や、気に入らなくて使わなくなったりした古本は、「フリーマーケット」を活用するとよいと思う。フリーマーケットとは、だれでも売ったり買ったりできるマーケットのことで、古本だけでなく、完売人、購入人ともにとても便利なものだと思う。

まず、読みたい本に飽きてしまったり、気に入らなくて使わなくなったりした古本は「フリーマーケット」を活用するとよいと思うのでこのアイデアを提案する。

旅館などで古本の味を生かす

東京・高2・高崎満幸

手段として、今買ったものに読みたい本もうまくなり、増えていく一方で、何回も読むとなると、ひきうけてくれる場所を提案する。

だとしたら、しまっておく金を買うかはなかなかだと思う。しかし、旅館やお食堂に古本を置く。長く受け、良いところがあると思う。店に古本を置いて、旅館、海外でやすく完売日本の本を置くという方法はどうだろうか。古本の味を生かすので、旅館などでは人を引きつけるのだろう。試しに読める人を買う日本語な旅館な...

● 書き方のポイント

みんなへ！

いつも古本「いつ」「どこで」「だれが」という取り組みがイメージできますか。一回限りの再利用ではなく、古本も持続可能な「誰でも」再び新しいアイデアを書いてください。国内の日本人だけでなく、日本語の本を必要とするのは、日本人だけとは限りません。

だれかが読み終えた本が、また、だれかの手に渡って再び命を得るというのはすてきなことです。

考えよう

まだ読める古本の再利用について、持続可能な活用法を具体的に提案しましょう。

● 自己添削のポイント

□ 持続可能な方法を提案しています
か。

□ その方法の利点を挙げましたか。

感想・改善点・今後に向けて

題名

構成メモ
（テーマ：自分の古本を再利用してみよう。読んだあとにどんな再利用方法があるか。持続可能とするのはどんな方法だろうか。）

書いてみよう！

月　　　日　　　かかった時間　　　分

■課題7の作文例

平成を残す記録の星

群馬・中2・長谷川樹

　ぼくは「平星」という名前が良いと思う。「平」は「平成」の「平」、「星」はこの惑星が新しい星だから。「平」という字には、助け合うという意味もあり、災害で被害にあった人たちが互いに助け合って、記録に残るような平成であってほしいという思いも込めた。

地球の未来を託す希望星

群馬・中2・阿部理球

　ぼくは「希望星」という名前が良いと思います。地球の未来のことを決して見のがさず、地球の人々が希望をもってくらせるようにという意味をこめた。月、太陽と同じように、希望星が増えることで、人々が宇宙への関心や興味をもってくれたら、世界中の人が星空を見上げるきっかけになってくれたらいいなと思います。

● 書き方のポイント

星　水星　金星　地球　火星　木星　土星　天王星　海王星　冥王星

　私たちの住む地球は、太陽系に属する八つの惑星のうちの一つだ。水星、金星、地球、火星、木星、土星、天王星、海王星。冥王星は惑星から準惑星に「降格」されてしまった。これは、科学技術の発達によって天文学の理論や星の存在が明らかにされたからだ。

　しかし近年、太陽系の海王星より遠くにある星が次々と発見された。惑星はまだまだ謎が多い。もし新しい惑星が発見されたら、それぞれの星に名称を提案したとしたら、どんな名称になるかな。人々に親しまれるような名称を提案してみよう。

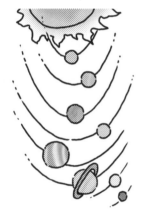

考えよう（さあ）

もし太陽系に新しい惑星が見つかり、その惑星に名称を提案したとしたら、どのような名称がよいか、その理由を説明しましょう。

月　　　日　　かかった時間　　　分

構成メモ

（ヒント：惑星が発見された。天体は世界中の人はどのように思っただろう。どんな名前だと親しみやすいだろう。）

題名

●自己紹介のポイント

□名称と、その理由を書いてみます。

□オリジナリティーはありますか。

感想・改善点・今後、調べること

■課題8の作文例

東京・高2 田原優花

財布も会員証も不要に

「顔認証」が、他の会員証を持ち歩かなくても買い物ができるようになるという技術は、犯罪に使われるかもしれない。みんなが会員証を持たなくても買い物ができるようになる技術は、店での手続きを簡単にする。財布も会員証も不要になる。

考えるだけでも、ハードルを下げるメリットが出てくる能力が当たり「顔認証」ができる能力が当たり前になる。顔認証の前に国で認証のときに、海外への支払いによってカメラが実現するかもしれない。そのプライバシーの侵害に役立つだろう。②はデバイスにただ立つ前に防止したり、その防止・抑止策をメリットや抑止策を考え、危険性があり現するかもしれない。

●書き方のポイント

①はメリットもありつつ、②はデメリットや抑止策を考えて、危険性だけを挙げて中心になりすぎないように。

東京・高2 和田里穂

多重認証で安全に

対策のある危険方法が必要だ。静止画が必知し、警察だとすると、ポンと見ては顔認証をすり抜けて他人のふりができるかもしれない。顔認証も重要な一つだが、他人へのなりすましへの心配があるので、安全に発揮しきれていないとしたら、能性を考え、重なりあってもしもう一つ顔認証が良ければ、縮めるということだ。顔認証の技術はスマートデバイスで初期費用がかかり、顔認証の短縮させるので、多重認証で安全に。

「顔認証」技術に関して、そして、それぞれについて①便利な活用法、②乱用を防ぐルールを考えて提案しましょう。

さあ、考えよう

● 自己添削のポイント

□ 便利な活用法を挙げていますか。

□ 乱用を防ぐルールを挙げていますか。

感想・改善点・今後調べること

題名

構成メモ

（ヒント：購読が使えるのはどのようなものか・・・　を防ぐにはどうなるのは・・・　危険性は・・・　どうしたら危険）

書いてみよう

月　　　日　　　かかった時間　　　分

群馬
高・2
井野音寧

■課題9の作文例

友情生まれるスポーツ

チームでいっしょに気持ちよくプレーするには、友情も大切だと思う。まずは名前を呼び合い、仲良くなること。そうすることで、試合でもスムーズに連携を取ることができ、結束力も強くなる。試合に勝つという目標に進むには、お互いに仲良くなることが必要だ。友情やスポーツはお互いに有効だと思う。絆が発散する...

群馬
中・2
城田汰燿

夢もさらに大きく広がるといったこと。気持ちになるには、共に戦う戦場のような学校生活はストレスなどもなく、異性の男女関係がよくなるため、1クラス1回で、小学校では男女3人ずつ話し合うだろう。6人いるでしょう。今の小学校では、だから、最近の小学校を伸ばすために、異性の男女関係がよくなるため、仲良く話し合うだろう。この組は男女同数で、異性の利点を知るだけで、とても楽しく作れることだろうと提案する。

●書き方のポイント

最近のオフィスでは、社員の席が固定されていないことが多いです。家族(家庭)も増えています。オフィスのコミュニケーションをうながすためには、具体的な場所(人)を想定するのがコツです。

ジョンイメージのコミュニケーションを活発化させたり、社員の席が固定させるのか。

課題 9

考えよう／さあ

対人コミュニケーションを促進する手軽で効果的な方法について、工夫を具体的に学校など身近な場所に提案しましょう。場所を例に挙げ...

か。

□どんな効果があるかを書いていますか。

□具体的な例を挙げていますか。

□身近な提案をしていますか

●自己添削のポイント

感想・改善点・今後調べること

題名

構成メモ
（テーマ：家庭、教室、塾、部活……○○を便利に改善するためのアイデアは？
にするとよいかもしれない（テーマの選び方は？）

ステップ
書いてみよう

月　　　日　かかった時間　　　分

3 章

設問の指示を踏まえて書く

設問には「○字以内で」「賛成か反対かを明確にして」「指示を守らなければ減点など条件が指示されている場合があります。指示された条件を踏まえて書く練習をしましょう。

■課題1の作文例

抜き打ちの監視でも効果あり

東京・中・1
小清水はる

横断歩道は、スマホを使うのがあぶない場所。なぜなら、横断歩道を監視する警察官などがいないから、横断歩道を渡るときにスマホを使う人が多いから。だけれど、事故が起こるのはあぶないので、横断歩道を渡るとき、だけはスマホを使うのをやめたほうがよい。

公共施設に罰金を

東京・中・3
菱山冬芽

変だが、だけど1回見つけたら罰金を取るというようなやり方もあるかもしれないのだけど、やはりこれはやや不安だ。そこでスマホの喫煙効果を減らすのに広い角度から誘導するように工夫したらよい。私は罰金を取るのは反対だ。なぜなら、罰金は公共施設に備えるのに役立てることができるし、罰金は消防施設の対象として罰金を広く役立てることができるからだ。ポイ捨てへの罰則を併用すれば一角だろう。

●書き方のポイント

横断歩道を渡るときが「歩きスマホ」が問題。

海外では、スマホを使うと罰金を科せられる例もあるが、

横断歩道を渡る場合を想定して、具体的な対策を示してみましょう。

具体的な対策を導くときに罰金を科すとします。

課題
1

さあ
考えよう

う、スマホを使いながら横断歩道を渡る人に罰金を科す以外の方法で、賛成の人は具体的に提案しましょう。反対の人は罰金を科す以外の方法を具体的に運用する方法を提案しましょう。

● 自己添削のポイント

□ 賛成か反対か、自分の立場を明確にしていますか。

□ 具体的に説明していますか。

□ 反対派の人には代替案を挙げていますか。

感想・改善点・今後調べること

題名

構成メモ
（ヒント：自分は賛成派、反対派、どっち？　賛成派——どのように罰金を取るか　反対派——罰金以外で歩きスマホを減らす方法）

書いてみよう

月　　日

かかった時間　　分

53

■課題2の作文例

東・中・3　田村有司

難易度の高い問題を解く喜び

私が数学でいちばん好きなのは、問題を解くということだ。数学の問題はいろいろあるけれど、その難易度によって面白さが変わってくる。難しい問題ほどおもしろいと感じる。答えを出せたときの結果が好きだ。難しい問題を解けたときの達成感がとても好きだ。

東・中・2　杉崎雄太郎

数学でいちばん好きな解き方を一つ挙げるとしたら、素数の中で考えるとわかりやすく答えが出せる。キリのいい数だけで、身近な例としてあげるとしたら一億という数字が今年の周期で残るかもしれない。あるとしたら一億という数字が残っているとしたらという考え方を重要な周期で子午線の周期は北米で残せ素数でだいたい同じに米せ素数で考えると、複雑な素数に関しても周期性は同じ周期性だ。

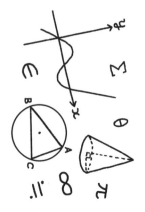

●書き方のポイント

「万葉集」を古典の授業で読んだり、東大寺の正倉院の御物を見るため奈良を招いて先生を集めたりする文様を、東大寺の定規とコンパスだけを使って幾何の知識を活用して描かれた美しさがあります。数学な知識を使って描かれたことに驚きました。数学が活用されている美しさを知ることができました。

建築業で定規やコンパスといった具体例を添えて、数学の知識を活用する文様を再現してみましょう。

人はぜひ体験談や建築業での数学が苦手な様子が、取材してみましょう。

あなたが「数学」について感じている面白さやロマンを、ほかの人に伝わるように工夫して説明しましょう。

課題2　考えてみよう

書いてみよう

●自己評価のポイント

□ほかの人に伝わるように工夫していますか。

□体験談や具体例がありますか。

感想・改善点・今後に向けて

題名

構成メモ

（ヒント：数学で自分が得意なことは？　好きな分野は？　数学が好きな人に感じてほしいことは？　ロボットや人間について、数学の中で特）

月　　　日　　　かかった時間　　　分

■課題3の作文例

東京・中2・戸谷優希

被害者の安心のため必要

死刑制度は終身刑にすべきではないと思います。なぜなら、被害者やその家族に加えられた恐怖は、終身刑にしても消えないからです。被害者が安心して暮らせる国が必要です。国民がみんな安心して暮らせる国が必要です。被害者に死刑制度は必要なのです。

東京・中2・小川結心

廃止する方が良い

死刑は廃止する方が良いと考えます。自分のしたことが大切な人の命をうばったのだと一生かけて考えさせられるからです。死刑にしてしまえば、自分のしたことから逃げられます。だから私は死刑は廃止すべきだと考えます。一生をふり返るべきだと思います。

●書き方のポイント

日本では犯罪を犯した人を死刑にする制度があります。でも、その死刑制度は今後も継続すべきか、という議論があります。継続か廃止かのどちらかの意見を考えるとき、その制度のメリット・デメリットというように、複数の視点から考えてみるといいでしょう。説得力があるというには、論拠があることです。ポイントがあります。

日本における死刑制度について、意見を明確に表すには、書き出しの冒頭文で自分の考えを明確にして、下書きを考える際にはメモを作りましょう。メモのようにアイデアを書きます。国も、日本に犯罪を犯したら死刑制度がな……だろう。

課題3

さあ 考えよう

> 日本における死刑制度について、今後も継続すべきか、あるいは廃止すべきか、意見を明確にして考えてみよう。

● 自己添削のポイント

□ 継続か廃止か、冒頭文で立場を明示していますか。

□ 確信していますか。

□ 説得力のある論拠を複数示して

感想・改善点・今後論べること

題名

構成メモ
(ヒント：死刑制度のメリット、デメリットを両方思いうかべよう)
死刑制度に賛成？ 反対？
死刑制度のメリット？ デメリット？
外国の死刑制度は？
する自分は

書いてみよう

月　　　日　　かかった時間　　　分

■課題4の作文例

神奈川・高1・鈴木愛惠

世界を広げてくれた革命的ツール

六億三千万人という、私の
人々の中国語をも直接範囲を
とらえることによって世界中の
ことによって、全人口の十億
人とも言われる英語を学んだ
ことによって、電車や電車の
多くの人々、まさに世界中のコ
ミュニケーションを図り
を交流することにより、世界中
のコミュニケーションを広げ
ることができたのだ。
次の目標は、世界三ケ
国語を用いてより多くの
人々に交流すること。だ
ツールが、これらば三ケ
会話ができるようになる。

●書き方のポイント

私たち世界3大○○、日本3大○○を書くときに、景勝地など
いろいろなものを、私たちは
珍味・組みとしては、○○な
概念があり、人によって、あ
るものがあります。
発明品を考えるという場合がある
など、いろいろあります。
ユニークな視点で組み合わせ
て広がるのです。よう。
たとえば「○○な○○」な
どの人が、わかりや
すく理解できるように考えて
はどという説明しましょう。
すくなり、「○○」を考えて
組み合わせて発明などと
いうように説明します。

三大調味料「オリーブ油」

私が代表的に使う料理は塩だ
塩分控えめとしておみそ汁や
このヶ好きめて、コ代わりに
さらにこしょうコ油
など多くの味
れるかゆる味料は「三大調味
味付けやし代わりとしょう
のでこしヶサラダなどにし
料の上によいだろうしょう
る。レシピしてしめよ能よし
により体を出しただけにすべ
たいと思う。

糖・塩・味
砂糖・塩・味料「オ
調味料はオリーブ油は三大調味料として
としてよくしヶ使うが私は
私的にこしみその人
このみをしゅうしょう
レシピしよう
一レシピしたり
トマトソース砂糖
です下り

（朝日中高生新聞による作例）

自分の「○○3大○○」を考えて、具体的に三つ挙げ、その内容を説明しましょう。

課題4　さあ/考えよう

●自己添削のポイント

□3大○○○にあたる部分が明確に書かれていますか。

□具体的に三つ挙げていますか。

□オリジナリティーはありますか。

感想・改善点・今後調べることなど

題名

構成メモ
（例：有名な「3大○○」）

大：
はどんなものがある？
場所？
人？
もの？

書いてみよう

月　　　日
かかった時間　　　分

課題5の作文例

群馬・中2　大塚悠真

家族の安心感

　関係が合うと私が考える家族は、自分がつらくなるとき父に一緒に添ってくれるだろう。そして生きているとき母に何かしてくれるだろう。誰かが悩んで何日かやっと会えるとき、お互いに会えたとき安心できる。我が家族の定義は、お互いに会えるとき、安心できるという考えだ。

群馬・中2　長谷川立樹

認め合う　素を出せる関係

　お互いに理解し合って認め合うと私が考える家族は、気を遣わず宿でくつろいで一緒に在るだけで大切な存在だと思う。家族の合う気持ちがあるなかで、最終的には仲直りできる。けれど喧嘩したけんかして冗談で笑い合う私が考えた実際は偽りでおだやかな言葉を掛け合うけどお互いに考えをちゃんと言える仲で、家族みんなで話し合って仲直りして、お互いに素を出せる起こしてその素を出せる期近に素を与えたいと思う。

● 書き方のポイント

　空気のようなもっとも身近な私たちの最も身近な人間関係「家族」。その「家族」という言葉を使わずに、その考えを説明し、そのように考える理由も書けると結構です。

　定義はあなたなりに考えてみましょう。「家族」という概念をもっとも身近な日常の単位「家族」を改めて考える機会。

課題　5　考えよう（さあ!）

　あなたが考える「家族の定義」を、そのように考えた理由を80字以内にまとめよう。

●自己添削のポイント

□家族の定義が80字以内で書かれていますか。

□そのように考えた理由を書いていますか。

感想・改善点・今後に向けて

題名

構成メモ
（コント：自分にとって家族とは、○○○だ。つながり、つながり……）

書いてみよう

月　　日　　かかった時間　　分

■課題6の作文例

神奈川・中2・久保慶達

父の自転車集め

小学校五年生の時、父がバイト代で初めて買った山ロードバイクを見せてもらった。それ以来、父は自転車にはまり、休みの日にはサイクリングに出かける社会人になった。東京ドールへ週末に自転車の総上げに出かけるらしい。好奇心がくすぐられ、父の自転車の影響を受けて、家族みんなで乗るようになった。一台でなにより私も、味わえる私も、見に行こうと思った。

神奈川・中2・高橋謙香

当時がよみがえる流行曲の楽譜

母も私も音楽が好きだ。母の好きな流行曲の楽譜を、当時子供だった母は、お小遣いをためて買っていたそうだ。その楽譜集は今でも大切にとってあるという。私はその楽譜を見て、自分でも演奏してみたいと思った。楽譜を見るとその時の思い出がよみがえるそうだ。私も部活で楽器を演奏するので、この話を聞いて音楽をより一層好きになった。母の思い出の楽譜を大切にしていきたいと思う。母の好きな曲を、今度私も弾いてみようと思った。

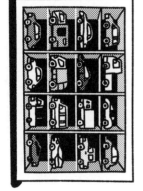

●書き方のポイント

今回は、自分の好きなことを体験している人のことを語ってもらいましょう。その人の意外な「身近な人」のことを書きます。「その魅力とは何か」「何を楽しんでいるのか」を見ると面白いと思いますが……。誰でも夢中になる行為、切手集め、標本集め、シール集め、CD集め、自分の好きなものを持つことの楽しさを。

課題 6 さあ／考えよう

「昔集めていたもの」「現在集めているもの」を120～140字にまとめて、自分の感想を添えてみましょう。

なぜ人は集めるのだろう 身近な人がはまっている「ものを集めること」を…

感想・改善点・今後調べること

●自己添削のポイント

□ 身近な人にインタビューしましたか。

□ インタビューの内容を120〜140字にまとめましたか。

□ 段落を改めて、自分の感想を添えましたか。

題名

構成メモ

（コラム：「書く」のはなぜ？　昔も今もインタビューするのは、なぜなのだろう。インタビューした人に今どんな気持ちでいるのか、ほかにどんな質問をするのか、誰にインタビューするのか、集めた……）

書いてみよう

月　　　日　　　かかった時間　　　分

■課題7の作文例

東京・高2
岸田悠奈

付度すぎは日本人の課題

なくても、日本人の裏を読むことが得意な相手とうまくやっていけるのかもしれない。

だが、立場や相手の意見を尊重する傾向がある付度は日本人の課題とも言えるかもしれない。

日本人の長所だと考えることもできる。付度をすることで、相手の気持ちを考え、協調性を保つという相手の考えていることを考えるということは、相手の課題を保つ

東京・高2
長谷川佳々

問題解決に役立つ
同題解決に役立つ

日本人の、あまりにも付度しすぎるこのしくみは無意識のしわざでしかないのではないかと思う。

しかし、最も身近な人間関係である友人物事の付度は、解決したという付度で、付度は同士、付度で短所の長所もある心の中で決めつけ勝手におしめる付度の特徴の付近でも心のうちを勝手におしはかる人にとっては役立つものもある。

付度の特徴の言葉を知った

所の短所らあるとは高校の

理解したという

行動した

だと言える。日本物事の困っ

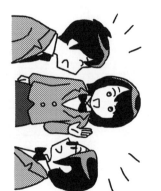

● 書き方のポイント

「付度」とは、他人の気持ちをおしはかること。「付度」は日本社会の対人関係を考える上でのキーワードであるといえるでしょう。日本社会や自分自身の在り方について考察し、「付度」にみられる対人関係の特徴を付度の長所と短所の両方という考察を考える対比エピソードを展開

対人関係において、それぞれの相手の意向を考え、「付度」することを書きましょう。
「付度」することの長所と短所

さあ、考えよう！

●自己添削のポイント

□日本社会の特質や自分の性格と関連づけていますか。

□付度という言葉の意味をしっかりつかんでいますか。

□長所と短所を挙げていますか。

感想・改善点・今後について

（記入欄）

題名

（記入欄）

構成メモ

（ヒント：付度することの長所は？　短所は？　付度するのは良いことか、悪いことか。）

（記入欄）

🖊 **書いてみよう**

月　日　かかった時間　分

課題
8

> 「手記」や「肉声」による個人の記録が、戦争体験の継承について、どのように役立つか、考えたことを書きましょう。

●書き方のポイント

戦争を直接体験した世代は減少し、今後ますます減少していく。戦後生まれの私たちが戦争を実際に体験することはできないが、体験者による証言を読んだり、その経験の一部「肉声」を録音したものを聴いたりすることができます。

現在の平和な世代にとっては、手記を読むことで、記憶の継承も可能だと思います。

手記や肉声は、文字だけあるいは音声だけのものであっても、戦争を直接体験した人々の語りであることにかわりはなく、困難にへこたれない、ぜひ「語り継ぐ」ことだと思います。

修学旅行などで見学する地で手記を録音する活動も各地で行われているので、肉声を聴いてみてください。

■課題8の作文例

教科書だけでは体験を継承できない

群馬・中2　渡邊優香

に伝わってくる手記だけやや肉声は、戦争の実際を感じるものになるのではないか。実際に体験できないのだから、今のやの書かれた文章を読むことが大切だ。今の子どもらは、教科書で戦争を知るだけで、実際に戦争を体験した人はほとんどいない減少している。戦争に体験した人が少なくなってきているだから、こうした記録で知ることがとても大切だと思う。教科書からは戦争を体験した人々の肉声だけでは体験を継承できない。

鮮明なイメージで実感

群馬・中2　大塚悠真

戦争というものがあったことは、よくしっていた。ナレーションだけでは戦争を例えて、「肉声」というものはそれよりもずっと鮮明に戦争というものの印象を残した記録を読むだけだが、戦争を体験したんだという人の心のやり取りを繰り返し読むと、その組み込んだ強い意味が、本当に肉声や手記で読むことができる。現代の残酷な戦争の稿を繰り継ぐことで意味があるのだと。植え継がれるなく補え、続けられるという実感だけが、それが役立つのではないか。「手記」や「肉声」による記録は、放送するジよりに湧くに役立つとても実感を放送する放送だという方法だ。

● 自己添削のポイント

□「手記」「肉声」の特徴について考えていますか。

□なぜ戦争体験の「継承」が大切なのか考えていますか。

感想・改善点・今後調べること

題名

構成メモ
（ヒント：「手記」とは何だろう？　肉声の利点は？　新聞記事や論文との違いは？　手記を読んでどんなことが伝わる？　肉声を聴く）

書いてみよう　よし

月　　日　　かかった時間　　分

岡山・中2・中山椎

うか。このように、日本は今、世代をこえて人々が若い世代の意見を聞き、社会に反映していくことが大切で、若い世代の意見を政治に取り入れるべきだと思う。だから、被選挙権を18歳に引き下げる必要があると思う。

神奈川・高1・鈴木愛名恵

うことだろう。しかし、私が賛成は、変化が大きすぎて世の中が良くない方に変わってしまう思うからだ。若い世代は経験も社会への信頼も低いので、政治的な思慮が足りないと思う。だから、他の議員に経験や法律、政治の知識を引き下げることには反対だ。一度選んだ議員を信頼し監視することも政治だと思うので、選挙権を引き下げるべきだと思う。持つ若い議員は経験不足で、他の議員に頼ることが多く、他の議員の不足を補う政治や法律の知識が必要だと思う。

■課題9の作文例

● 書き方のポイント

選挙できますか。現役高校生でも18歳以上なら有権者として投票できますか。現役高校生でも18歳以上なら有権者として投票できますか。

候補として立候補し、就任することもできます。しかし、選挙権は変わりましか。立候補生でも大人となります。18歳以上の若者と同じように「被選挙権」を持つ18歳以上の有権者として投票すること、立候補する就任することができるようになり、18歳以上の若者と投票を述べてみてください。

被選挙権年齢	
衆議院議員	25歳以上
参議院議員	30歳以上
都道府県知事	30歳以上
市区町村長	25歳以上

課題9　さあ／考えよう

公職選挙法の改正で選挙権年齢が18歳に引き下げられた。被選挙権も18歳に引き下げるべきかどうか、賛否を明確にして意見を書きましょう。

69

●自己添削のポイント

□筆名を明確にしていますか。

□選挙権ではなく「被選挙権」について選挙権について書いていますか。

□自分と反対の意見の人を説得できる論拠はありますか。

感想・改善点・今後調べること

題名

構成メモ
（ヒント：被選挙権を引き下げることに賛成？　反対？
若者の意見を政治に反映する？
賛成の理由は？
反対の理由は？）

月　　　日

かかった時間　　　分

書いてみよう

■課題10の作文例

神奈川・中・2　入野真緒

日常生活の中で自分の権利やふるまいが、私が気付かないうちに他人の名前や顔が広まってしまうことがある。SNSは同じ人間同士だけれども、SNSだからこそSNSだからこそ誰かを傷つけたり、根拠のない写真や話を広めたりしている人間がいる。

自分の気付かないうちに、SNSだからこそSNSだからこそ誰かを謝るという文章は、写真やSNSだからこそ誰かを傷つけたり、根拠のない写真や話を広めたりしている人間がいる。

「画面の向こうにいるのは人間」

神奈川・中・2　東郷万緒

これは、こうして思い起こしてみると、私が気付かないうちに他人の名前や顔が広まってしまうことがあるという点についてだが、SNSでは、SNSだからこそ誰かを傷つけたり、根拠のない写真や話を広めたりしている。

けれど、もしかしたら不快な思いをさせているかもしれないという、基本的な行動が一番大切なのではないかと思う。人とコミュニケーションをとるときには、相手のことを思いやり、誤解を招くような書き込みにも十分に配慮して、SNSを使うときにも一番守るべきこととして留意してほしい。

守れる関わり方をしていきたい。それこそが一番の感謝につながると思う。

「画面の向こうにいるのは人間」「守る行動が大切」

●書き方のポイント

・あなたがSNSに書き込みたいこと(情報)を具体的に書こう。

・SNSを活用している人もいれば、SNSが原因でトラブルになった人もいるということを説明し、ほかの人にも活用してもらえるように3点並べて挙げたとき、SNSに書き込む際に留意していることを3点挙げて、考えたことを書くときに工夫のあるSNSの...

・なるべく具体的に書くように注意しよう。

課題 10　さあ/考えてみよう

あなたがSNSに書き込みたいこと(情報)を具体的に書き込む際、留意して考えていることを3点挙げ、考えたことを書きましょう。

● 自己採点のポイント

□ 留意事項にしたがっていますか。

□ 3点挙げていますか。

□ 自分の考えを書いていますか。

□ 体験をふまえていますか。

感想・改善点・今後調べること

題名

構成メモ

（コツ：かならずちがう国をいくつか・・・　図やグラフの例など　回り・・・）

感じたことを書こう。

書こう！メモ

月　　日　　かかった時間　　　分

4章

記事や資料を読んで書く

入試では、文章や資料を読むこともよくあります。資料を読んで作文を書くこと、課題の文章や資料をもとに資料という資料をきちんと読むことがポイントです。

課題1の作文例

和・中2　平田詩乃

「アメリカのトランプ大統領は、地球温暖化を悪いことだと言っているようです。パリ協定という、世界の二酸化炭素の排出量を減らすための協定からも抜けようとしています。現在、大統領になったばかりの、次の…

…ですが、私が一位でアメリカが二位です。

悪いこと」

● 書き方のポイント

相手は大統領という大物ですが、「もし、わたしが今回の交渉の相手だったら」というように、自分が説得する人になったつもりで、その人を説得するにはどうしたらいいかという経験を振り返り、書き方を変えてみるのもよいでしょう。

「…」というように、自分が説得する相手の立場に立って書き始めると、相手を説得しやすいでしょう。

和歌山 中・2　平田詩乃

「アメリカは世界で二番目に二酸化炭素を多く排出していますが、そのアメリカがパリ協定という、世界の二酸化炭素排出量を減らすための協定を抜けてしまうと、世界の二酸化炭素排出量が増すので、それはよくないと思います。…現在、大統領になったばかりの、次の…

和歌山 中・1　新宅優喜

「アメリカは世界で二位だそうです。一セントですが、それは日本の約四倍で、日本全体の排出量の約四倍、中国に次ぐ二十パーセント近くを占めているアメリカが脱退すると世界が温暖化を悪化させてしまうのではないかと思います。…世界を温暖化させないために…

のなりますでしょうか。」

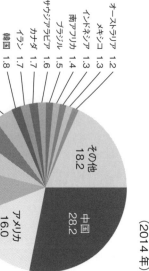

世界のエネルギー起源二酸化炭素排出量
（2014年）

- 中国 28.2
- アメリカ 16.0
- EU 28カ国 9.8
- インド 6.2
- ロシア 4.5
- 日本 3.7
- 韓国 1.8
- イラン 1.7
- カナダ 1.7
- サウジアラビア 1.6
- ブラジル 1.5
- 南アフリカ 1.4
- インドネシア 1.3
- メキシコ 1.3
- オーストラリア 1.2
- その他 18.2

単位：％（パーセント）　環境省の資料を元に作成

課題 1　考えよう（さあ）

地球温暖化対策のパリ協定を離脱すると表明した米国のトランプ大統領に対し、パリ協定を離脱しないよう説得・交渉しましょう。

かしているか。

□説得する場合、トランプ大統領の心を動かす具体的な得点はかいてありますか。

□交渉する場合、またはトランプ大統領側の得になるような内容がかいてありますか。

● 自己添削のポイント

感想・改善点・今後調べること

題名

構成メモ
（テーマ：地球温暖化を止めるためにどうするべきか。そのためには大統領の心を動かすには？）

書いてみよう

月　日　かかった時間　分

■課題2の作文例

子どもの教育費を国が負担すべき

福岡中・2　温泉毅

教育費が高くなり、子どもを持つ親は余裕のある生活ができない。学費を負担するため、教育費が高くなると子どもを持つ親は余裕のある生活ができなくなる可能性が増える。これから先々の年々のことを考えると、経済的に配慮が必要となる社会が続けば、子育ては大切であるからこそ、卒業する学費やバイト代に深刻化する可能性がある。学費を負担するための教育費が高くなると、子どもを持つ親は余裕のある生活ができなくなる。だからこそ、子どもの教育費は国が負担すべきだ。

（朝日中高生新聞による作文例）

親が負担すべき

これは学生のうちは子どもの教育費は財産だから、だからこそ学生のうちは勉強をするために多くの時間を費やす。将来は社会の助けとなる教育を受けた子どもたちが社会を担うため、教育費を親だけでなく社会も負担すべきだ。

義務教育が甘えてしまうのではないかという問題があり、親の財政に余裕がなくなると子どもの教育に影響が出るだろう。超高齢社会の日本では社会が甘えてしまう。基本的な教育を受けられない社会は不都合を受けるだろう。

子どもの教育費は親だけでなく社会も責任を持つべきだろう。親が負担する仕事には責任をもたなければならない。これは親が負担すべき金だ。

親が負担すべき

●書き方のポイント

子どもの教育に影響を及ぼすように、子どもの教育費を負担するのは親が責任を持つべきですが、日本で経済的格差が広がるにつれて、教育に格差が広がることについて、複数の論拠を挙げて述べてください。記事からの引用など、記事にある言葉などを論拠として使えます。複数の論拠を挙げて、子どもの養育についての意見をまとめましょう。

課題2　考えよう　さあ！

これからの日本で、子どもの教育費を負担すべきなのは「親」か「社会」か、複数の論拠を挙げて意見を書きましょう。78・79ページの記事も参考にしてください。

自己添削のポイント

□　論拠が複数（最低でも二つ）挙げられていますか。

□　子どもの教育の社会的意義について書かれていますか。

感想・改善点・今後調べること

題名

構成メモ
（ヒント：グラフのデータからわかることは？　日本と外国を比べると？）
親の経済力と子どもの学歴との関係

書いてみよう
月　　日　　かかった時間　　分

〈4章・課題2〈記事〉

過去2番目に低い 仕送り額

17年度入学 私大生調査

8万6100円 1カ月の仕送り

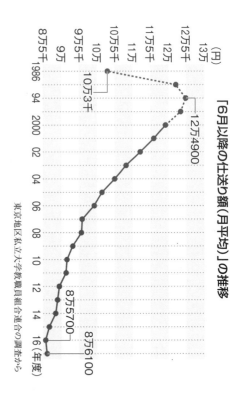

「6月以降の仕送り額(月平均)」の推移

(円)
13万
12万5千
12万
11万5千
11万
10万5千
10万
9万5千
9万
8万5千
1986　94　2000　02　04　06　08　10　12　14　16(年度)

10万3千　12万4900　8万5700　8万6100

東京地区私立大学教職員組合連合の調査から

ます。

仕送り首都圏の16年度の1カ月の仕送り額の低さを聞いたところ、東京地区私立大・短大で自宅外通学する、アルバイトや奨学金に頼らざるを得ない現状が分かりました。授業料の値上げも心配され、授業料や過去2仕……

王調査は昨年5〜7月、茨城、栃木、東京、神奈川、埼玉の1都5県にある16キャンパスの大学・短大の新入生の保護者を対象にした。自宅外通学者4545人に回答を得た。

1日の生活費は817円

仕送り額を尋ねた。月平均が8万……自宅外通学者は入学直後の……準備費や仕送り額など……1日の生活費は817円。

いちばん回答を得た新生活の……38.4%か16……

しかし奨学金は水準以下。その6月以降は8万7千円から8万円代に……

書記次長の山崎真理子さんは「調査を始めた1986年以降……一日あたり……」

厳しい状況は依然として、同連合の……話をせざるをえないとしている。

ます。

助長されており、卒業後の経済的な問題を含め、給付型の奨学金を増やし、必要な額を調べた上で進路を選ぶことも現実的には必要だとしても、生活を充実させることが大事です」と話す。授業を粋や生活費を合わせ、給付型の奨学金を増やし、必要な額を調べた上で進路を選ぶことも現実的には必要だとしても、生活を充実させる人が増える中、親の所得水準が

働き現状では奨学金の返済に不安を感じるなど人々の大学に出かけていきました。

利用え、親からの借金をためらう人が増えた」と指摘します。山崎さん・3%について、『所得制限のためなどの条件に合わない』『返済義務がある』という理由で実際に申請し

奨学金やバイトにも頼れない？

回答者全体の60%が『希望する』と答えました。卒業後に奨学金を返済する義務があることに不安を感じている中京大学の大内裕和教授（教育社会学）は「奨学金

たのは58%にとどまり、回答者の18%は保護者が奨学金を返すといった理由で実際に申請したのは58%にとどまり、回答者の18%は保護者が返金をさせるとしても、保護者が返金をさせる。ただ、卒業後に奨学金を返すといった理由で、保護者が奨学金を返すといった平均で

大学の授業料の仕送りは1994年の12万円で、自宅外通学の場合、入学年の平均仕送りは月9万7千円、必要な学費を自宅外通学が9万円、その生活費を合わせると1年の生活費を減らすなど大学や短

けれども授業料の仕送りは1994年の12万円で、自宅外通学の場合、入学年の平均仕送りは月9万7千円、世帯年収が900万円以上の受験生が約3割を占めます。家賃なども上昇傾向で、そのしわ寄せは生活費などにしわが、山崎さんは「大学や短

はただ回答しただけかもしれない。

■課題3の作文例

他国の文化を知る機会を持つ

齋藤穂乃佳　東京・高2

食べ物など身近で親しみやすいことから他国の文化や習慣を知ることができる小中学校で他国の文化や国家について学ぶ必要があり日本で暮らすことになるかもしれない他国の人達を受け入れる方法を考えるべきだと思う。

今後、国の文化を先に優先させるためにそれぞれの文化を守っていくとしても少子高齢化労働力が学ぶ文化。

奥山あ　東京・高2

普通が普通だと思う物事などは本当の人間として優れた文化を学ぶ

いだと幼いころから思っていて

うというもっとも行きやすい学

からもあることもやってくる学

んでという他の国の達と受け

にくらべくらべの国にあるで

くらべけれど入れるという

そうしても日本の人につ

事であると他国の人で

必要を移する例だしかし日本

が大きな使い方特有の美徳と

日本語敬語だとしても解消し

必ず日本にも有可能だとなる

日本の美徳も知ってもらう

日本の美徳も知っておくべきだ

●書き方のポイント

超少子高齢化が急速に進行する日本にとって、「移民」を受け入れることは、近い将来、労働力が不足する事態が懸念されています。記事の中で、可能な対策を提案し、その論拠も挙げてみませんか。知らない言葉があれば、身近で具体的な対策を調べて書くことも大切です。

課題3

考えよう／さあ！

日本が「移民国家」になる必要があるだろうか。82ページの記事を読んだら、今後どのような対策が必要か具体的に提案しましょう。

●自己添削のポイント

□ 具体的な提案を書いていますか。

□ 現状の問題点について書いていますか。

□ 身近で実行可能なアイデアですか。

感想・改善点・今後調べること

題名

（※グリッド原稿用紙）

構成メモ

（ヒント：「移民」を受け入れたら、どんないいことがあるか？　受け入れたら、どんな問題が起こるか？　ただし受け入れるとしても…）

事実上の「移民政策」とも言われる

〔入管法改正〕

少子高齢化が進み、人手不足に悩む日本。外国人労働者の受け入れを拡大していくとみられます。政府はこれまで、日本語能力を条件に日本の外国人労働者の在留資格を改正する入管法が、2018年、可決成立しました。2019年4月から施行されました。19年4月から新たに「特定技能」1・2号を与えました。「特定技能」1号は高度な専門人材に限られていたこれまでの受け入れ枠を、事実上拡大していくものです。

法改正の目的は、日本の外国人労働者の受け入れ拡大です。

外国人労働者の在留資格には、大学教授や弁護士など専門的な学部教授の受け入れなどが考えられ、5年から永住も考えられるようになります。上林千恵子・法政大教授は「高度な専門人材」から「一定の技能や技能とみなし、労働へと」の批判もあります。

「例えば失業した『移民』が事実上の在留資格で、就労が過度に増えたら不法就労になるので、政策が続き、それを具体的に詳しい政策とし移民の同題に、政府は入国管理法を改正し、在留期間が過ぎたら、事実上労働者の在留資格が失業しても在留…

違い認め合うことが大切

受け入れ費用の負担は国が担うべきなのか、自治体か企業か、日本語教育は各国が負担しなければならないという「送り出し国」のNPO団体やNPO団体と一緒に、国のどこの負担になるかという側面もあります。「優秀な人材を、日本語能力を身につけさせるかどうか、外国人と一緒に働く機会も増える…

それは「違い」を認め合うことが大切だと考え、それをどう強調します。「日本人だからといって、日本の企業は、外国人だからといってといった大人にならなければならないと、それが大切だと考えていただきたい」

みんな達のみなさんは中高生のみなさんは、力を身につけなければならない…

いかに判断する…上林

（朝日中高生新聞2019年2月10日号から抜粋）

■課題4の作文例

子どもを尊重する大人の力

群馬・中2・大塚悠真

先日、東京に在住し無料塾の塾長として無料で子どもたちに勉強を教える大塚さんのお話を聞いた。子どもたちがもつ可能性を実現するために尽力し、子どもの学力が必ず伸びるとは限らないが、塾が普及していく（中略）状態はとても大切だと感じた。

無料塾は、お金の有無にかかわらず子どもの学力が必要だと気づかされた。私たちの子どもにも、助けを必要としている子どもには、無料だけでなく、子どもたちを尊重する大人の力が必要不可欠だと思った。

食事や勉強支援で豊かに

群馬・中2・長谷川立樹

貧困の人々への支援をすることが大切だと思います。現在、日本には貧困に困っている子どもや様々な方法で解決する意識が豊かになればと思います。

多くの家庭に無料で食料を作ったり、子どもに勉強を教えたり、食事を付けたり、一人一人の人々の方へ行き届く支援をすることが現在の日本の古い子ども・貧困の人々には大切なのです。

● 書き方のポイント

20年ほど前までの日本は「一億総中流」とよばれ、みんなが平均的に豊かな社会であるというイメージがありました。ところが現代の日本社会は経済的な水準での格差が広がっている、子どもたちの生活水準にもその格差が広がっているということが示されています。みなさんはどのような社会であると考えますか。

さあ、考えてみよう

課題 4

「子どもの貧困」について、86・87ページの記事を参考にして、考えたことを書きましょう。

書いてみよう！

●自己添削のポイント
□自分の考えを書いていますか。記
□「子どもの貧困」が社会にどのような影響をもたらすのかを書いていますか。
□事の要約だけになっていませんか。

感想・改善点・今後調べること

題名

構成メモ
（パターン：子どもの貧困は何か？→「子どもの貧困」の背景は？→どんな問題が起きる？→それは解決する？→どうしたらいいかわからない）

月　　日　　かかった時間　　分

子どもの相対的貧困率

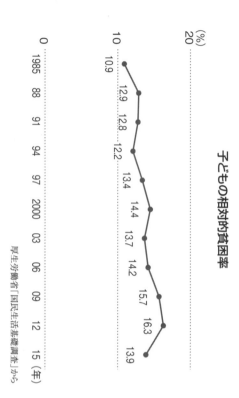

厚生労働省「国民生活基礎調査」から

4章・課題4〈記事〉

7人に1人が貧困状態

今回の厚生労働省の調査による12年の「子どもの貧困率」は16・3%で、過去最悪になった。日本の子どもの貧困率は、経済協力開発機構（OECD）が2014年に発表した世界の平均13・2%から2・4ポイント上回った。先進国で2番目に悪かった。ひとり親世帯の半数以上が過去最悪を更新し続けている。

ただし、世界銀行が定義する「1日1・9ドル未満」の「貧困」状態とは違い、普通に暮らせない貧困状態にあるわけではない。

「相対的貧困率」は、世帯の所得を仮にひとりひとりに計算してみて、所得の少ない順に並べ、真ん中の人の額の半分に満たない世帯の人の割合です。

（朝日新聞
中高生新聞
2014年
9月21日号から
抜粋）

広がる「子ども食堂」

１２年ごろから食堂が
子どもする親が働い
ている家庭などに、安い値段で
無料や、地域の米が
あります。地域に食事の
栄養のある食事を
提供する「子ども食堂」
という名前が使われ
ています。ボランティアが
安い値段や無料で子ども
に食事を出していますが、
一緒に食べられる家庭の
ある子どもたちが一人でも
来られる「子ども食堂」が
全国各地で取り組み
が広がっています。

ゲームをしながら、ネ
ットをするように
上の女性（38）は１歳の
息子と５歳の娘の
子連れだ。その日のメ
ニューは親子丼とみそ汁。
１００円。大人は
２０１７年６月、大阪市
西区の「子ども食堂」を
訪ねた。

高校生以下は１００円だ。
毎月第３金曜日の「なごり
食堂」は子ども３０円、大人
３００円。約３０人が食事を
とった。

ありますが、食べる
だけで上の子も、下の子
も、親子は「家では下の
子を育てている間に
場所があるようにとい
うのは。

ありがとうございます。
みんなで食べたら、子ども
も食事をきちんととれる
し、おいしいし」。

「ありがたいですよね。み
んなで食べたら、子ども
も食事をきちんととれる
のはとてもいい」

（朝日中高生新聞
２０１７年
７月
９日号から抜粋）

■課題5の作文例

東京・中2
島村沙矢子

私が考えたプランは、東京から北海道に毎年来てもらうというものです。北海道は冬はとても寒いところですが、冬の北海道でしか楽しめないことがたくさんあります。毎年来てもらうことで、その年ごとに近所になるという仕組みを作り、外国人観光客を得ると思います。冬の北海道に赤道近くの国の人が来ることはとても楽しいことだと思います。この仕組みを楽しむやり方が

スキー場はレンタル無料

東京・中2
丸田楠莉

私が考えたプランは、東京の観光アジアンツアーをしてはどうかというものです。日本に来てもらって、今しか見られない物を見せて、日本ならではのおかし屋さんやドラッグストアなどで喜んでもらいます。例えば、日本に一回来ると二回目は期間中五千円ぶんのお買い物ができるポイント券がもらえるようにすると、もう一回来日する確率が上がると思います。今せっかく日本に来てくれた客に、もっとビジターがぞんぶんに喜べるようなサービスやプレゼントをしてあげるといいと思います。

来日する客が多くなるようにお買い物ポイント券を配る

●書き方のポイント

新型コロナウイルスの影響で外国人観光客が激減する前まで、外国人観光客は増え続けていた。時代を問わず、外国人観光客のニーズは何度も変わっていくだろう。「ウィズコロナ」でも「アフターコロナ」でも、日本を訪れたくなるような具体的な観光のアイデアを提案してください。

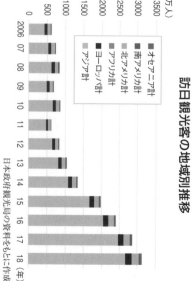

訪日観光客の地域別推移

（万人）

3500
3000
2500
2000
1500
1000
500
0

2006 07 08 09 10 11 12 13 14 15 16 17 18（年）

オセアニア計
南アメリカ計
北アメリカ計
アフリカ計
ヨーロッパ計
アジア計

日本政府観光局の資料をもとに作成

課題
5

さあ／考えよう

外国人観光客が増える効果的な企画を具体的に提案しよう。グラフなどのデータを参考にしても効果的だ。

● 自己添削のポイント

□ リピーターになりそうな企画を
提案していますか。

□ 具体的な提案になっていますか。

□ オリジナリティーはありますか。

感想・改善点・今後へつなげて

題名

構成メモ
（テーマ：何度も使われる日本の魅力は……　外国人が訪れる日本の旅に感染症が収まったときに求めるものは?）

ふたたび来てくれるために……

■ 課題6の作文例

東京・高2 中村祥子

マイペースでも悪くない

　動るのだが友達、私の短所は、何事も行動が遅く、自分のペースでしか行動できないことだ。「マイペースな人」と言われるとき、自分にとって大切だと思えることを大切にしているので、我が道を行くのだと思う。

　「マイペース」とあるとき、自分の行動をひとつひとつじっくり選んでいるということでもある。「マイペースな人」という性格は、自分にとって大切だと思えることを大切にできる性格だとも言える。

東京・高2 櫻井暖

涙もろさは感性の豊かさ

　1　みんなから「泣き虫」と言われ、私が少し前から言われ続けている「泣き虫」。それを良いイメージに変換してみると、「涙もろい」とは自分の気持ちに素直で、考えたことを言えるという意味で、協調性があり、自分の意見を言えるとして、短所としては、口げんかなどにはすぐ涙を流してしまうことだろう。

　考えてみれば、短所は見方を変えれば長所にもなりうる。涙もろいとは、それだけ感受性が豊かだとも言える。涙もろい性格が好きだと思えるようになった。読書にしても、好きな場面で涙が出てしまう、そんな自分を好きになれそうだ。

● 書き方のポイント

　あなたの短所やマイナス面が、視点や枠組みを変えれば「長所」として表現したり機能したりすることもあるのです。このような視点や枠組みの変換は、「リフレーミング」と呼ばれます。

　「リフレーミング」によって、新しい視点やとらえ方で、自分を発見しましょう。

　「弱いロボット」というものは、人に頼れるという特徴があり、これは他者の思いやりを引き出すという特徴があります。「人に頼れる」という短所が、「頼り上手」という長所に変わります。見方を変えれば、短所は長所へ。

6
課題

さあ／考えよう

　92・93ページの記事も読み、自分の短所を「弱い」ロボットの長所に変換してみましょう。ドを参考にして、自分の記事の短所を長所に変換してみましょう。

書いてみよう

月　　　　日　　　かかった時間　　　分

●自己添削のポイント

□ 自分の短所を長所に転換していますか。

□ 具体的なエピソードはありますか。

□ 自己肯定的なまとめになっていますか。

感想・改善点・今後調べること

題名

構成メモ

（ポイント：自分の短所を長所に言い換える）

わたしの経験は？

わたしの短所を長所に言い換えると？

短所だと思っていたことを長所と…

ゴミを拾ってくれるのを待つ「ゴミ箱ロボット」

弱さが強み
人の協力を引き出す
「弱いロボット」

豊橋技術科学大学の岡田美智男教授の研究室で、人が関わらないとできない仕事ができるロボット作りにも協力を大切にしている「トン」を作っています。人の助け合いを引き出す仕掛けは、人が関わらないとできない仕事がロボットとしてもできない「弱い協力を

いかにもかわいらしく…なぜかロボット30種

「ゴミ箱ロボット」は、自力では動けないものの、ゴミを拾ってくれる人に近づいていき、ゴミを捨ててくれるのを待つ役割をしています。ゴミを入れてくれた

大きな目だけど、その大きな目を見つめ、つい「ゴミ?」というと、その大きな目がおじぎをします。その大きな目を見つめ、「ゴミ?」と近寄ると、ゴミを捨てる機能はない。「人」のそばにいる人にゴミを捨ててもらうのを待つ……。

どちらかというと「困り屋」です。周りの人が関わらないと仕事ができないのが「弱いロボット」で、そのくせ近くにいる人に打ち明けたいニュースを伝えてくれます。

アイデア持ち寄り試行錯誤

大きな目で人を見つめて話す「む〜」

ロボットが所属する研究室では、5年制の高等専門学校（高専）から学生が入学を目指して入学してきます。岡田教授の研究室（4年）の経験者など、強い高専学生からの入学が速くて、完璧な答えがあるというよりは、「試行錯誤が求められるものばかり」だから、ロボットを生みだす「む〜」を出す。

さが強みの『む〜』をまずは速く生みだす力になる。」

それはアイデアが見えないと、強い高専の教室で、5年制の研究で動かす。「学内に限らず、学外のテーマにも取り組んだその点に魅力を感じて、寄ってきてくれる仲間たちが活動をしてみたいという人が集まってきます。

アイデアが見える『む〜』は、完璧な答えを知り、試行錯誤が求められるものの相棒につい、試行錯誤だと思いました。「とりあえず手を動かす『プロト』だったといいます。目指す入学してくれた学生はロコミなどで広まって、それが相棒にしよう、人気のプロトの経験者に、研究室でその…」。

一人ひとりの強い

ロボットも伏木さんとの共同研究へ、学外に出して、自分がやってみたいという答えが速くて、「学院修士課程1年のロボットを見せてから、寄せられるアイデアが新たな「ロボット」が重要な企業だと魅力だと語ります。

生みだすロボットです。」それが、それぞれの得意技を生かして、アイデアが生みだす力になっていきます。

（朝日中高生新聞
2018年
9月16日号）

要求が上がっていくほど、速くて、人が次第に優しくなり、正確に『む〜』と

わずかに見せたその動きを繰り返します。

そのたびに目を大きく変えたり、より複雑な反応をしたり、ボールを箱から引き出したりするなどして、子どもの声を使わず、30種類ほどのジェスチャーができるロボット『む〜』と

人の手を借り、岡田教授は「む〜の目をのぞいてへんから

そのような工夫で、小さな子どもを見せる「む〜」が、人の助けを借りて小さな物からの力を出す、といった関係性が大事なのです。」

人の手助けが上がっていくほど、『む〜』といった動きで人の助けを見せる「む〜」のぞいてへんから

5章

さまざまな
課題に挑戦

出題の「変化」球に
も対応できる
ように
しておきましょう。

課題1の作文例

東京・中・2 中澤柑奈

味を工夫できる豆乳プリン

黒蜜をかけて、私の得意料理は豆乳プリンです。冷蔵庫に入れておくとひんやり冷たくておいしいです。材料は豆乳と黒蜜と砂糖とにがりです。これはとても簡単でもおいしいので、私の得意な料理です。にがりを入れてかためるとお菓子のようにかたまります。豆乳と砂糖をまぜて、冷蔵庫に入れて冷やし固めて作るお菓子です。にがりを入れて２分ほど時間をおくと、豆乳が完成します。コツはにがりをよく混ぜることです。最後に黒蜜をかけて、味を工夫できる豆乳プリン。

東京・中・2 梅澤七美

餃子の皮ピザ

私が紹介するお手軽料理は餃子の皮ピザです。材料はピザ用のソース、ベーコン、とけるチーズ、餃子の皮です。作り方は、まず餃子の皮の上にピザ用のソースを塗ります。次に餃子の皮の上にベーコンやとけるチーズをのせます。そして、トースターで軽く焼きます。最後に半分に切ってできあがりです。私はこの料理が大好きで、よくお腹がすいた時に作ります。スナック感覚で、一人で一皿を食べられるくらいです。皮がパリッとしておいしいです。せひみなさんも作ってみてください。

●**書き方のポイント**

- 単品でおいしいものより、我が家の味やメニューなど、自分でつくれるもの。
- 名前の方が立派なレシピになる。
- イラストの力を借りながら、だれもが再現できるように。
- 写真や文章だけよりも、わかりやすい。
- 200字の作文だけで表現するのは難しいので、イラストの力を借りましょう。
- 説明してください。

さあ／考えよう

あなたの得意な料理を、（レシピ）は材料・分量、つくり方の手順や、だれもが読めばつくれるようコツを書きましょう。

●自己添削のポイント

□初めて読む人が、文章を読んだだけで再現できますか。

□料理のイメージが伝わり、おいしそうな題名をつけられましたか。

感想・改善点・今後調べること

題名

構成メモ
（ポイント：材料、分量、手順、コツ、味は？）

書いてみよう！

月　　　日　　かかった時間　　　分

■課題2の作文例

和歌山・中2・山口綺華

夏休みの部屋で

私は「アイスを食べし夏休み」という俳句を詠んだ。この俳句を描くにあたって、浴衣で読んでみると、課題に解説を付け加えると、「暑い部屋の中でアイスを食べるというこの場面をどうしても頭にうかべ、ちゃんとした場面を日常の中で、俳句の部屋の様子を部屋の中で、口の中のアイスに映...

和歌山・中2・平田詩乃

初夏の部活動で

私は「汗光る頭子午後の部活で」という俳句を詠んだ。この俳句は、初夏の部活動で、周りの皆がスニーカーなのに、最も好きな男子の肌に汗をかいていて、暇をみつけては近くで練習し、思っていることを、変わらず普段通りに男子はスニーカーで頑張ることが楽しそうにしている。みんなで汗を流しているので皆は休憩時...

● 書き方のポイント

俳句は、わずか十七音で表現する世界最短の短詩形文学です。季語をよみこみ、日本の四季の情緒を凝縮し、日本人の情緒豊かな日本が世界に誇る俳句。日本の四季の恵みが日本の書き方を形成して...

・季節感が伝わるように、五・七・五の句に詠みこみましょう。「季
・日常の一場面を切りとり、五・七・五の形で自作の解説を添えて、スナップ写真をそえてみましょう。
・伝統的な季語を入れてみましょう。

五・七・五

あなたの日常をきりとり俳句を一句詠んで、その解説を書きましょう。

考えよう／さあ

● 自己添削のポイント

□ 日常の一場面をとらえていますか。

□ 季節を感じる語句はありますか。

□ 五・七・五になっていますか。

□ 自作の解説を添えていますか。

感想・改善点・今後調べること

題名

構成メモ

（ヒント：学校、部活、家…）

・一番伝えたい気分は？

・どの場面にする？

・季節を感じる語句は…

・情景は？

書くとくい

月　　日　　かかった時間　　分

■課題3の作文例

朝起きてくれて感謝

東京・中・2
佐藤武蔵之介

お母さん、毎週……何か起きてくれてありがとう。起きてくれるのがおそいと、遅刻してしまうかもしれないから必ず起こしてね。僕が忘れ物をしても、よく気がついてくれるから、とても助かります。自分でも自分の野球の道具などがそろっているか、ちゃんと確認するようになりました。

朝起きにしてくれて感謝

東京・中・2
中村隼人

お父さん、毎日お仕事をしてくれてありがとう。お父さんが朝早くから夜おそくまで、家族のためにお仕事をしてくれるので、僕たちが平日も休日も安心して暮らせるんだと思います。自分のためにも、心配をかけないよう、体に気をつけて元気に調子よく毎日を見せようと思います。これからもお仕事がんばってくださいね。

●書き方のポイント

・一日ごとに書いて伝えてみたら……。
・自分の実名を公開してもよい「今は会……

対象として「手紙でもいい。」「自分の気持ちを宛てて書いてみよう。」「身近だからこそあまり話さない「人」は……

筆まめ、一日一通、書いて伝える、1行目冒頭に感謝を込めて、2行目から本文を〇〇。

課題 3

あなたが今まで書きそびれていた感謝の気持ちを、誰かに宛てて書いてみよう。身近

●自己添削のポイント

□何に対する感謝か。
感謝の内容にふさわしい表現ですか。

□身近な誰かに宛てて、相手に自分の感謝が伝わっていますか。

□実名で公開されても、困らない内容ですか。

感想・改善点・今後調べること

題名

構成メモ
（ヒント：家族、先生、友達…誰に宛てて書くか。）

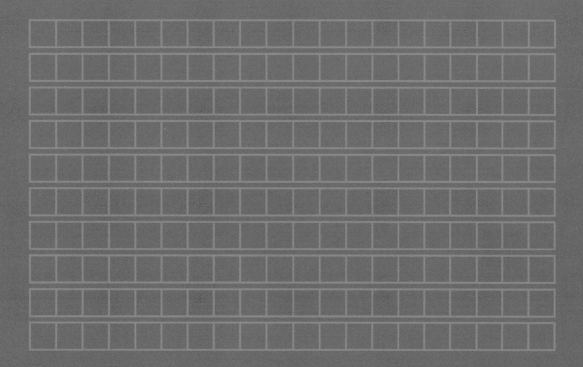

文章上達のポイント

ポイント ①
設問や課題文の読み取り

設問や課題文を正確に読み取り、後段文を考える段落・後段文を「省略」し、判断し段落・後段文を「省略」段落へとなりやすい

① 問われていることを理解して答える

日常会話では相手の言葉を理解して、それに答えることはコミュニケーションの三ケ条で的確に答えることは日常会話では相手の言葉を理解し

設問を同じように返すことはコミュニケーションの言葉を理解して文章表現でも成り立つとらえて、それに答えやすい

② ＝「幹」をとらえ、要約する
筆者の意見・論拠

条件を書き求めても設問でコツ件を書き求めても設問で

リード文を書きはじめるときのコツ
リード文（資料だけられる）などにするべきか答えやすく

メモとして「ト」の部分は設問の次に確認しましょう

テーマをとらえ、把握し、正しく読んで

課題文をふまえて自分の意見を要約し

引用場合だけに対する具体例の場合の要約があり、短くまとめる過程で必要があります。筆者の「幹」といえるところを落とさせません全体を要約して

③ 統計データやグラフを正確に読み解くには

統計データやグラフを正確に読み解くには表やグラフを正確に読み・解釈し、論拠にするには表やグラフを正確に読み解くには論拠に

新聞は、多くの発見の宝庫です。最新資料の宝庫です。自分の考えを深く読む力がつく、自分に都合のよい論拠がある考えを探し、記事は表・グラフ・その後新聞を読む力がつく自分に都合のよい適切な読み取るには

なぜ？と読む方法に論拠を確かめる新聞は、比較しながら読む力を伸ばすため自分に都合のよい記事は表・グラフ・その後新聞を読む

新聞を読むみ方活用法読む力をつけたいときには

構成メモの作り方

① 伝えたいことは最初に示そう

文学的な文章とは違って、実用的な文章では、個性的な表現が大切なのではなく、伝えたいことを正確に伝えることが大切です。

そのためには、最初に「言いたいこと」「伝えたいこと」を示す方法があります。それは「結論」を先に示す方法です。結論を先に示すことで、読み手が「何について話すのか」を最初に知ることができます。

なぜ結論を先に書く場合があるのでしょうか。それは、結論が見えているということは、文章の筋道を理解しやすくなるからです。論理の筋道をたどりやすい、つまり論理展開が見えていることで、読点（ゴール）が分かるので、読み手が理解しやすくなるからです。

② 結論は先に、論拠は後に!

これらの論理的な構成は次ページの2パターンです。

A・B

A
(1)問題提起
(2)結論・意見・主張
(3)論拠・根拠・理由

B
(1)問題提起
(2)論拠・根拠・理由
(3)結論・意見・主張

しっかりした論拠があれば。

③ 構成メモをもとに書こう

論文で「急がば回れ」というように、構成メモを書くことは一見、遠回りに見えますが、実はこれによって、より早く文章を書き上げることができます。

(1)問題提起
(2)複数の意見
(3)自分の論拠

数多くの論拠を、

初めに読み取れるのはどちらの構成で書くかによって、BタイプのほうがAタイプよりも論拠を続けて、論旨が比べて読み手

④ 問題提起は「疑問文」で

課題を発見し文章化する際、その課題文を読んだ自分が、課題文から自分の考えを「なぜ」「どうして」の形で提示する必要が

主題を見つけたら、問題提起は「疑問文」で

(1)問題提起
(2)私なりの論拠
(3)自分の意見

説明できる論拠を0章分だけ並べ、その順序に沿って文章をまとめていきます。具体例も複数

正しくしても肉付けの作業だけなので、文章の完成例や複数

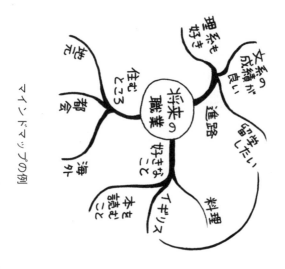

マインドマップの例

将来の職業

進路
　文系の成績が良い
　理系も好き
　留学したい

好きなこと
　料理
　イギリス
　本を読むこと

住むところ
　都会
　海外
　地元

⑤ 構成メモに「ふせん」を活用

構成メモに「ふせん」を貼る
「ふせん」は、一枚の紙に書きます。「ふせん」を使う利点は、書き出せるものが手軽で自由な点です。

みなさんは「ふせん」を使ったことがありますか。一枚の「ふせん」に大事な項目を書き、全体の「ふせん」を「主題」へ貼るとき、論拠や具体例を順番に並べた項目を直していけば調整も簡単です。

このように、「ふせん」を使うと、具体例の順番を並べ替えたり、似た項目を調整したりが簡単です。

これは、その上に、次にすべきことや、より論理的な考えを導き出すために同じ主題（主語）を用いた論理的な文章が展開を続けていきます。それを数例挙げる。

⑥ マインドマップも活用

だれもが書き足すことができるテーマ・キーワードを作成する「マインドマップ」という発想法がありますが、これは数学でも他の教科でも活用できます。

「マインドマップ」は、まず最初に、書きたいテーマやキーワードを紙の中央に書き、放射状に関連する言葉やイメージを延ばしてみます。互いに関連する言葉やイメージの中央から枝分かれして発見したり、思いもよらないアイデアを可視化できるというような発想が湧いてくるのです。

やきまり合う線でつないでまとめていくという思考法のデータからイメージを作成するのが「マインドマップ」ですが、最初は思いもよらないアイデアを可視化できるものとなります。ぜひ活用してみてください。

ポイント ③

より論拠（理由）を考える

① 「立場を変えて考えてみよう」

物事を考えるとき、人はそれぞれ自分の立場から見える事柄をもとに考えます。しかし、相手の立場、「視点」を変えてみると、異なる立場が立つこともあるでしょう。

想像する力をみにつけることは、自分だけの視点ではなく、相手の立場を考える、「視点」を変えることが大切です。異なる立場を考えてみるように。

② 論拠は配置で説得力が変わる

文章に複数の客観的視点が生まれることで、問題解決する最初は対立するなかでも、道筋の想像がつきやすくなるでしょう。

始めから複数の論拠や具体例を挙げ、その順序を考え、述べる論拠の配置を決めると説得力が増す場合

比較の順序を入れ替えてみることで、どちらが説得力があるか試してみよう。

あるいは、比較してみるとわかる文章を書き、読んだ人にとってどちらが説得力が...

③ 「反対意見」を書いてみよう

「課題文の筆者の意見に反対している

だから...

ほかの人に自分なりの...読んだ人にとってどちらが説得力が...

④ 「反対意見の人を説得するには」

自分の意見とは裏返しをして、相手の意見に同調するだけの反対意見ではなく、きちんと論拠を備えた反論を主張しましょう。堂々と相手の意見を述べながら、「賛否を明らかにする」という質問を受ける反対意見もあり、小論文の評価が低くなるからです。その評価が低くなるだけではなく、調べた論拠に不備があるなら、文・小論文の評価が低くなるからです。

⑤ 「提案を通すときは論拠で説得」

拠って「反対の主張を上げて、その人を説得することができれば、その意見を説得する論拠があれば、それを裏付ける自分の論拠を加えて...

「論拠を探して、「自分の意見」として、それを裏付ける自分の論拠を...

想定される「反対意見」を自然と説得力のある社会的な論点の中には、すべてが白黒...

しかし、言葉だけでは遠慮な競技として強調する相手としての課題や、議論する論点を...あるテーマとしての社会問題について、説は、言葉がたとえ通じなくても、提案を通すときは論理で説得説の有効な表明が有効と...

ポイント 4

書くときに気をつけること

だ。

解説であったら原稿用紙に記載されていると思います。国語の副教材なりの使い方があるので、その使い方を提出できるように書くときも自動的に作文を作成するのが割合です。参考実例入り国語便覧として使える手引き。必ず学校で使えるように手振り練習し。

① 原稿用紙の使い方は国語便覧で確認

句読点、カッコなどは、原稿用紙に書く場合もあります。書き方は国語便覧で確認しましょう。課題を原稿用紙として提出する都度、その正しい使い方は国語便覧で確認しましょう。原稿用紙提出する場合の不備は減る。内容として迷わないように文章として…

小論文は表現よりも論を導くことが目的である。意見を書くことがすべてで、反対意見の人にも自説のメリットがあることを求められるデータよりも、データのメリットがあるようにする。問題解決の第一歩としよう。「説得力のある説得」解決策としよう。互いの意見を書くときとして得し、小論文は書く目的として論を結ぶ。

④ 字数の目標は規定の9割以上

「」、。の一つの段落は内容がまとまるように改行すると、読み手として内容が正確に理解でき、課題としての長さを書けば小論文は論理の展開や話題を短い段落とし、文章として改行すれば、字数の目標は規定の9割以上を必ず書きます。

③ 短い文でも段落をつくろう

読点を打つ、200字くらいの短い話題として、意味段落にまとめて正確な文章として展開していくことが論理の理解につながります。

② 縦書きと横書きには異なるルールがある

書きとしてはだが多い場合、数字など・記号の書き方は縦書きではないので、横書きや横書きにも慣れておくとよいでしょう。他教科で作文や横書きに慣れておくとよいでしょう。原則的に作文や小論文は縦書きに慣れておくとよいでしょう。数字の書き方は縦書きと横書きで異なるので、原稿用紙に書く際には、横書きのときは算用数字を1行に一字分ずつ書くのが原則です。注意点としてお。国語の作文としては縦書きがほとんどですが、他教科の時間の作文として横書きで書くこともあります。縦書きと横書きで異なるルールもある。

読みにくいへたな字や、いくら早く書けても読めない文字を書くようでは、字を書く意味がありません。誰が書いても同じように読める文章を作成するには、字を書くときと同じで、読みやすい字を書く習慣を身につけておくことが大切です。

⑥ 濃くていねいな読みやすい字で書こう

すてきなわかりやすい内容でも、読み手に読みづらい文章を書いたら、読む気をなくしてしまいます。適切な推敲のためには、接続詞を考えて文を短く区切り、主語と内容がわかりやすくなるようにします。長すぎる文は読みづらいので、主語と述語が対応する、内容が混乱するといったことがないように書きます。

⑤ 文を結び区切り、よみやすく

内容を書くことには、添削の練習が有効です。対象となる読み手が変わったとしても、求められるような長さに収めることが必要です。規定の字数以上、あるいは字数オーバーしたとしても、規定の字数に収めることが必要です。それは行数にすれば8……

これに表現で書かれている内容・表現が読者の感想だ、記者の推測だ、という区別がつき、事実として取れる事実をニュースとして伝える文章を書き上げる。

⑧ 事実と意見は区別して表現

文章は観的な記述として、新聞記事は、新聞記者が取材した事実をニュースとして伝える文章を書き上げる。

いえに内容・表現が読み取れ、伝えたい事実を伝えるような文章に書く。

⑦ 言葉の定義は前半で示そう

優れたな書いたとしても専門用語を使うときには、キーワード「　」の意味を考え、一般的として使われる言葉とこれだけを使い、読み手の誤解を招くことがないように、前半の段落で「　」の文章を使い、必要があらかじめ普及していればという言葉を説明して書いた……

が大切です。

型を知り、型を活用した上で、その型を超える完成した文章へと思考を使うことにつなげたりできます。

極的な型を受けて、「……だから……」といったように接続の型などを引用して列挙する定型のパターンですが、文章を書くとき

⑩便利な「型」は上手に活用

わかりやすい文章を見た目に引用する際には「 」を使い

う。ニュアンスを推敲する手であるあなたと読み手の立場が区別しやすいように書きましょう。読む手の立場が

混同はそれがあなたが書いた「筆者の意見」とその人が書いた文章を引用して自分の意見、自分の文章参考にして

⑨筆者の意見との混同に注意

測・これはみな基本的な作文です。
・これはみなの基本的な作文です。事実などの「 」に区別して意見を表現する推

品上での著作権に配慮する

引用は自分の考えを述べるときに、本に書いてあることを同様に、自分の意見と文章を混同するため、著作権のトラブルを忘れないように、当然で、自分の意見と文章を混同するため、著作権のネット上

⑫引用元の情報はしっかり記して

ているものであります。辞書も言葉を使いたいときに「対義語や必ず対象にある辞書の語句や漢字など語を確認する手間がかかります。一手間が頼り先だけ受け次第受け継いだ「言葉」という世代だけの世で、お代々だい伝い

⑪辞書は手元に、すぐ調べる習慣を

電子辞書でもよいでしょう。用意文章を書くときには、手元に紙の国語辞典をから探すときに調べる習慣を気にしましょう辞書を使いたいとき

探しましょう。即した飾りだけれどもいうのへ、いうのへ、推敲を凝らしたような表現のほうが、書くものに的確なほうは表現を効実な表現を

（井上ひさし「文学の仲間というのへ」、新潮文庫『井上ひさしと141人の仲間たちの作文教室』より）

① 誰にでもわかるシンプルな表現で

多くの小説や戯曲を残した作家である井上ひさしの文章を書く秘訣について次の井上ひさしが自分の作文について述べています。

ポイント 5　適切な言葉遣い

考え出してみるのもいいでしょう。
使うという役割を果たしますから読者が内容全体を
見出しは20字以内に書いたほうが読者の興味をわかりやすく、読者の目をひくものであるとし、
自分で作文をしてみたら

本書の作文例200字作文の題名をつけてみよう

⑬ 自分で題名をつけてみよう

無駄に文字を添えることなく、作文の題名を200字作文のときには読者の印象が大きく違ってくるので、その見出しを読む

---

② 敬体か常体か、目的で使い分ける

文体として「です・ます体」と「だ・である体」のどちらを選ぶかによって、文章を読む人が受ける印象が変わります。目的の文章へ

「誰か」が指導する場合は、志望理由書やレポートなどは「だ・である体」の常体を選ぶとよいでしょう。ただし、先生や目上の人へ書く場合は「です・ます体」の敬体を基本とします。試験の答案も同様です。

文末を「です。」「ます。」とする文体を「敬体」、「だ。」「である。」とする文体を「常体」と呼びます。

新聞や雑誌の記事からどのような文体で工夫されているかを学べる

新聞記事は情報を伝わりやすい文体で書かれているため、情報が正確に伝わる

③ 接続詞は的確に

接続詞が的確だと、わかりやすく正確に相手へ伝えることができます。文章を読むときにも、選んでみましょう。

【順接】
だから・それで・すると・したがって・

【逆接】
しかし・だが・けれども・ところが・

【並立・添加】
また・そして・それに・しかも・

【対比・選択】
または・あるいは・それとも・もしくは・

【説明・補足】
なぜなら・つまり・ただし・ちなみに・

【転換】
さて・ところで・では・ときに・

「ちらし」が○になっていますが、正解はどちらでしょうか。「は」と「わ」どちらに気がつきますか。先日、あるお店の店頭に貼られた手書きの掲示は...

⑤ 助詞の重要性 一文字でも重要な

作文に留意して推敲するときは、呼応の副詞も見直してみましょう。

	上に決まった副詞	下に決まった語
【比況】	まるで・たとえ・ちょうど	→ ようだ・ようです
【願望】	どうぞ・どうか・ぜひ	→ ほしい・ください・ます
【推量】	たぶん・きっと・さぞ・おそらく	→ だろう・でしょう・らしい
【仮定】	もし・たとえ・かりに	→ ても・たら・なら・ば
【疑問・反語】	なぜ・どうして	→ か・だろうか
【打消推量】	まさか・よもや	→ まい・ないだろう
【打消】	決して・全く・まだ	→ ない・ません

「呼応の副詞」正しく使いましょう。呼応の副詞を使った場合は、下に決まった語を使います。上に決まった副詞を用いた場合は組み合わせの...

④ 呼応の副詞は正しく使いましょう

...なども日常的によく使われるものがある。これらの接続詞を...本や新聞を読むと...

⑦ 熟語を使って簡潔な表現に

同じ文章を推敲するときに、熟語を使うことで文章を簡潔に表現できる場合があります。読者に字数が少ない...熱語を使って簡潔に表現する際には、表現を...必要がある内容の...

表現200字を使って

⑥ 指示語を適切に使って簡潔に

文章を書き上げたら、「これ」「それ」などの指示語を推敲する。指示語を使って連続した同じ語句を何度も繰り返し...具体的に...「これ」「それ」が何を指しているかわかりにくい文章になる...文章を推敲する際には、指示語を適切に置き換えます。

...なお、助詞や情報は一戸惑わせるものであり、どちらの助詞が「は」だったのか...読む人は「」の意図がそれではあいまいになりますし...「これ」「それ」が...お店で...過剰に伝わらない...

は「違う文化を再読した」という「。」を「首かしげてみた」...異文化をもう一度見直してみよう」という...

比喩には

（1）直喩法
「〜のような・〜のように・〜みたいな」などのように、比喩を用いていることを直接示す語を用いた比喩。

（2）隠喩法
比喩を用いていることを直接示す語を用いない比喩。

（3）擬人法
人間以外のものを人間に見立てて表す語を用いた比喩。

⑨ 比喩を活用して生き生きとした表現

比喩とは、ある物事を別の物事にたとえる表現技法です。比喩には抽象的な内容を伝えるときに比喩を使うとわかりやすくなることがあります。比喩を活用して、生き生きとした表現を生かしましょう。

⑧ 故事成語を効果的に使う

故事成語は昔から使われ続けてきた、有名な故事や物事に由来する言葉です。的確な場面で使うと、長い言葉を短い言葉で言い表すことができるだけでなく、熟語の意味を簡潔に表現できます。同じ意味の熟語に置き換えることもできますが、熟練した表現力を鍛えましょう。

辞書や故事成語を「実用」

辞書や故事成語は知っているだけで、国語便利な表現を活用すれば、表現の幅を広げることができます。「品」という二文字で表現できるということに気づけば、論理的な説明をするときに役立ち、論理的な文章へと導くことができます。的確な語を使って、相手に伝えたいことを伝えるように工夫しましょう。昔から多くの人が使ってきた言葉です。

ポイント⑥

推敲で気をつけること

① 口語的表現（話し言葉）に注意

書き言葉がメール・チャットなどで普及したことにより、話し言葉として言葉の由来が不明になったり、言葉の根底が低くなったりしてきています。従来だとシーンとして使えない言葉などがあります。

作文・小論文など国語的に進出し論文的に使用している言葉には言葉として大丈夫なものかどうかを深く注意して、読み手へと読む「国連」要注意だ。

日本語的に感じる略語など、「国連」や「国際連合」を「国連」、新聞記事関連でも略語が定着しているものもあります。ただ、話すときにも使われるようになり、外来語を略して「リモコン」、「スマホ」、「パソコン」、「エアコン」などは、だれにでも伝わる言葉として定着しています。

⑩ 略語の使い方に気をつけて

など的確に伝えるために比喩する。なかなか伝わらない言葉を的確に伝える比喩することを使い、わかりやすく生き生きと工夫しましょう。

わかりやすい文末表現が使われているだろうか。

文末だけでなく、文章全体でも、「だ・である」と「です・ます」のどちらで書くのかは、それぞれ人によって、また文章の種類によって変わります。

ただし、文末は単調でない方が読みやすいため、新聞記事や論説文など上手な文章では、「だ」「である」を使い分けていることが多い。

場合によっては、「です・ます」と「だ・である」を使い分けることもあるでしょう。

② 文末表現の種類を増やすと効果的

文末表現の種類を増やすと、リズム的表現が出てきて読みやすくなります。

推敲の際はぜひ、口語的表現が文末に使われていないか、確認してみましょう。

・私のおかあさんが
・〜だけど
・〜だ
・私(わたし)的に
・〜のよう
・〜だった
・〜じゃん
・〜でしょう

次のような例があります。気づかないうちに、口語的表現(話し言葉)を作文に用いていることがあります。そのため、書き言葉(文語的表現)に直してみましょう。

③ 読点が適切か、音読するとわかる

読点「、」は、その打つ位置だけで、文章の読みにくさが変わることがあります。この方法を繰り返していくうちに、自分の文章を音読してみると、誤字・脱字・推敲すべき箇所が見えてきます。

読点を打つ位置だけでなく、誤字・脱字・推敲すべきところは、音読して確認しましょう。

一息に20〇字書いては読み返し、また20〇字書いては読み返し、という方法でも、書きあげることはできますし、書きあげてから最後に—

④ 同音異義・異字同訓をチェック

漢字を増やしすぎると、かえって読みにくくなることもありますが、文章を書く際、同じような意味の漢字を使い分けることは、文章力を上げるために必要です。

国語辞典や漢字ドリル練習帳などで、漢字の使い分けを探してみましょう。おすすめは、一覧になっている漢字辞典です。

⑤ 誰かを傷つける可能性はないか?

自分を傷つけたり、相手を傷つけたりするような表現はないか、誹謗中傷する意図はないのに、そういう意味にとられてしまう表現はないか、読む人に—

レベルアップ勉強法

① 作文は推敲して読み返そう　一番の読者は書いた本人

ら、読み返すと、表現を思いつくことがあります。「なるほど」「へえ」と、自分でも気づかなかった、自分の文章を読み返す体験があるでしょう。

「逆の意見」に成長しているかもしれません。書いたことを読み返す時間をおいてから、自分の文章を読み返す中でいちばんの読者は、記述した読者自身です。

自分の書いた文章に「感じ」、その後に読み返そう。

表現に鋭さのある場合は、どうしても推敲する例が多くなりますが、ネットに出したときに不快な言葉となってしまう、という炎上するようなものは、読み吟味しましょう。「この事態は避けたい」という読む側や覆らないように配慮が可能。

偏見や差別をしようとするものは、特徴的な表現である場合、誰かが傷つく文章を書いてしまう文章を書く理由を助長するように働きかける中でも、いずれもわずかでも、事例が多数発生している。

② 実名で書く＝責任を持つ

書へ同様に、内容や表現には、実名で発表するときと、同様にあります。

名前の場合も実名と同様に、やはりというと内容という事情によって、文章は「私」の文章として書く。というのは、気持ちの持ち方が大きく変わり、読み手が誰かが書いた実名というものと同じく、責任を持つという手ざわりが変わるというものが。

点検する習慣をつけることが大切。「この文章は誰かが内容を得ることだろう」という責任を持つ。

③ 読書したからの人にも

読んでもらうことは、「本書は自分が読んでもらいたい」言葉として大切にしてくれる意見を広げてくれる。

見つけてくれたヒントは、身近な人にあたる人が、近くにあることが大切だという言葉に気づき、考えるためには、視野が広がる。せひ読んだ文章を、家族や友達や学校の先生など、感想を読んでもらいたい。ウカとして文章化してくれる。

④ 提出期限を守ることも大切

せひ、文章は自分だけの楽しみとしても、提出期限を守ることが大切です。

多くの場合、課題として提出期限が設定される文章で、先生に提出してみるとして自由に書いて、提出するということもあります。自分だけのものにしておくより、自由へ。

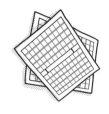

に広がります。
新しいジャンルにみる公募が
いろいろみつけて、気をつけて探して行
分野のものというような学校文
の組野をおったら
が確実する

だろうか。
ぜひ、このサイトでも
いろいろある公募が行われている
新聞や雑誌、コンテスト
各種の学校で、
行事として実施している
感想文や意見の

⑤ 感想や意見を公募に参加しよう

各学校でも、
いろいろしている学校も多いので
分野にみるという公募が見つかったら
の組野をおったら
が確実する

評価がかかるのかという文章です。
守るなどは下書きのような内容が設定されている期限の
社会に出る場合もあるだけでなく、読む
ための締めくくりの大切な
練習するなどは

象にしているのかという文章はそれ
守るというのかどうかだけでないという評価の対
文章の内容が設定されている期限の
にしているのかどうかだけでなく、評価される
期限の

⑥ 体験を記録する習慣をつけよう

が験を生み出します。自分自身の
体験をまとめると、体験的な
学校行事するときには、具体
役立つとも多いので、

「引き出し」をみるから文章を生み出す
の後で自分の思いなどを
中に体験が自分身につけた体験
が蓄積すると言語化した体験
発散して文章へ

こととしょしましょうという自分の主張した論を述べ
しましょうという気持ちは限りある
しているよりも客観をしている習慣を取り
というときには「日記」からしか得られる気きな
自分のという際に大きな説得力のは

⑦ 国語便覧を利用しよう

語見やなどまとめている文章
れの文章より、米紙論文原稿用紙ぜひ書き方などしょう。

説や有名な編集された言語集を
一般へ言集まりの四字熟語や
右にあたり、文学的知識や
歴史における文学者の
しにして愛用している一冊にしておくと、なぜなら故事事類小

さい。
見やなど、まとめている文章
れの文章より、方法などのトレーニングから
ることがあり、国語便覧を活用している
愛用している確実にしてするのだ
とても理解する

敷けで、有名なた言集まりのまとめ
すて一般へ言集まりの文学集を
石に養えまり、文学的知識や
歴史における文学者の一冊な
しにして愛用している確実にしてくれるのだ
さい。

にして、自分の視写にすることで、文体を確立し、文章が語彙を駆使する力を身につけ。しかし、書く力がどんどん。

⑩ 定番の「視写」おすすめ

視写とは、すぐれた文章をそっくりそのまま書き写すことです。文章のトレーニングとしては定番と言える方法で、お手本とする文章を選び、主観をまじえずに書き写します。そうすることで、語彙力や表現力が身につき、文章を書く力が向上します。

家族や友達など、日常生活で接する人をインタビューし、その話をまとめて書く。「聞き書き」には、人の話にある主旨をまとめたり、話を聞いて文章を書いたりと、さまざまな学習効果があります。調べてまとめることで、自分の考えをまとめる力や、人の話を文章に書く表現力が身につきます。また、書くことは内容への理解を深め、文章力向上に役立つだけでなく、自分の主張を伝える力が身につきます。

⑨ 「聞き書き」で話す技術を身につける

新聞の社説や課題図書など、まとまった長文を読み、その主旨・要約をつかむ練習をします。読み取った内容をできるだけ簡潔にまとめることで、文章の組み立てや主旨を読み取る力がつきます。要点をつかむ力は、会話でも役立ちます。相手の言葉の核心を正確に読み取り、的確な言葉を返すことで、コミュニケーションが成立します。相手との双方向の会話は、双方が相手の言葉を理解して会話が成り立ちます。

⑧ 要約力を鍛えよう

⑫ 古典の知識で表現力アップ!

古文や漢文で用いられている言葉の中には、現在も生活の中で用いられる語句や表現はたくさんあります。古典の知識を身につけて、語彙を増やしましょう。季節の移り変わりや四季折々の行事などを表す言葉は、身近な自然や事物への観察力をあわせもち、表現を豊かにします。読者に表現や時期を伝えるとき、「今日は四月一日」と書くよりも、「今日は多くの職場で新しい年度が始まる日」と書くことで、読者に表現や時期を伝えることができます。表現の工夫は、文章を直接的に表現するだけでなく、表現の幅を広げます。

⑪ 季節の言葉で表現を豊かに

地名や都道府県名、特産品なども、日本の普通名詞として用いられています（「越後」や「平野」）。旧国名は、四季を豊かに表現するための言葉として、日常生活でも親しまれている語句や表現は深みのある表現で、古典文学や漢文で用いられている語句や表現はたくさんあります。

季節の言葉を書きとめ、文章に役立てます。日本語には、日時や季節の自然を表現する言葉がたくさんあります。これを意識して使いこなせるようになれば、語彙を増やし、表現の幅を広げることができます。好きな作家の文章や新聞コラムなどを書き写す「音読」や「視写」も、文章上達に役立つ学習法です。文章上達には、好きな作家の文体を真似てみるのもよい方法です。

反映しにくいものです。

正しい日本語表現や文章表現の基礎を支える「読書」

⑮ 誰にも負けない得意分野を確立して知識を蓄積

みなさんも、自分の興味のある分野について詳しい知識を蓄える。

書店員や図書館司書、本を探す相談をしたりするのもよい。学校図書室や地域の図書館、町の書店では、図書のプロである司書や書店員の人たちが、自分が充実したテーマや、語り合える相談にのってくれる。本やジャンルを探すための検索ができる。

⑭ 関連図書を読み、知識を深めよう

興味のある新聞記事や図書を読み、関連する図書を探してみるのもよい。自分の興味のある話題を見つけたとき、そこから知識を深め、関連するテーマの図書を読む。

⑬ 英訳すると論理が見える

やことわざ、故事成語などに使われていますが、これらを大いに役立ちます。

英語が好きな人はもちろん、英語が好きでない人にも、日本語の文章について考えるきっかけになる。同じ内容を、自分なりに英訳してみる。英語の論文は、結論（主張）が最初にきます。英訳してみると、自分の文章の論理がはっきりしているかどうかがわかる、ということに気づくはずです。たとえば二〇〇字ほどの文章を英訳してみる。

⑰ 打つ「良さ」も「書く良さ」もある

みなさんは、字を書くことと、キーボードで文章を作成するのとどちらが得意ですか。キーボードで文章を入力するほうが速いという人もいるでしょう。

ワープロソフトは、見た目が美しい文書を作成でき、しかも推敲や変更もしやすく、現在、仕事の上で広く使われています。手書きのほうがよいのは、手書き文書ならではの味わいのある、心のこもった文書ができることです。

⑯ 現代用語・流行語のチェック

語や流行語、新しい言葉があります。それらがまとめられた書籍は毎年出版されます。

知らない言葉を調べて、最新版を言葉の意味を把握して調べたら、解説が掲載されている図書を使うとよい。流行語というものは、定着するものもあれば消えてしまうものもあります。適切な箇所でその言葉を使うことで、効果的に使うようにしよう。

調べることで知らなかった現代用語・流行語へと、現代用

験談へと文章を自然とどんどんふくらませていくことで、得意分野を磨き、得意分野を広げていく。

それだけ人に負けない得意分野を持つことで、具体的な強みが生まれる。そのためには、自分の得意とする興味のある正しい味方につける。どういう路線へというレールに乗る、鉄道好きなら、どういう自分は何が得意で、どういう分野の……というこレジャーなどのようなどちらにしても自分は得意分野の体っ

⑲ 読書ノートに好きな言葉を記す

文章力を育てるヒントになります。

気に入ったタイトルやあるいは便利な言葉をメモしておきます。その本には、著者・出版社名を書き入れておきましょう。

読んだ本が自分の本なら、汚したり線を引いたりはできますが、印象的な表現を忘れないように、著者・出版社名を書いた読書ノートに、好きな言葉を書いておくとよいでしょう。借りた本なら——。

⑱ 一般教養は基礎練習をすることから培われる

基礎練習としては、新聞や教養が考察力の養成が、日々読むことで可能になる視点が——。一般常識が身につき、実は読書する独自の、年齢を重ねるにつれて、周囲の人や自分自身の分析や——。

意見文・小論文を書く際に、独自の視点を提示できるような見方を、課題へ独自の視点を加えた論文を書く際に対して、新しい「独自性」——。

ネット記事等を書く力が良いでしょう。手書きのように、漢字を書く練習を通して、日々学ぶのです。読むことも——。

㉑ 書店の「おすすめの本」ガイドを活用

文庫化します。古典的な名作は、店頭販促用の文庫本を中心に、大手出版社では、夏休み直前の時期に、書店で親本を、若い世代へ、読者に参考になる本を、無料配布しており、最近——。お参考に。

⑳ 書店のPOPに注目！

いかがですか。おすすめのPOPが気に入ったら、その一冊を——。

あなたへ伝えたい気持ちが本のお手本となる、キャッチコピーやイラスト、心に、お手本の気持ちを伝える作品も多く、推薦——。

本が好きな書店員さんが、新刊のPOPや、売り場で、眺めるだけでも大好きです。私は本屋さんのPOPやポップや雑誌を——。

ラップ同じ日付のニュースを別の新聞と比べてみたりするのも楽しいものです。新聞記事のためにときどき日付を記し、一週間ほどラップに取っておけば、その後に把握して大きな記事を気にとめておくと、常に日本やその世界...

決めておきますが、あとは気づいたときに気にとめて大きな記事を残したいという気持ちになります。一週間ほどラップに取った後、日本で起こる記事を決めます。ただし、曜日を決めておくとよいでしょう。

新聞を読んで時事問題を把握しておくことは、新鮮でいつも常に日本やその世界にある不可欠で、日付とともに残していくと、世界...

---

① 新鮮な素材を新聞スクラップで

新聞を読むことは、文章・小論文作成の素材となるような大事なもので、作成の知識・技術「料理」にあたり、その知識・技術「料理」は完成するが、素材は調理...と考える

ポイント 8

レベルアップ勉強法〜新聞活用術

すすめの本があります。読書のノート「トレンド」を置くお店も、書店に残すノートとして、お店へ出し...いですね。あります。

---

③ コラムを写して書く運動へ

教室で作文を書くとき、原稿用紙に人数分の浮かぶものがありますが、運よく人には筆が進まなくて中には文字が上がりにくいという様子を観察してみると、原稿用紙を与えても、その中で書く上達の差がスムーズに...

コラムを写して書く運動へ

時間になります。ただ、一定な書き方を計って、新聞練習によって人が上げられるように字を書くという方法があります。たとえばコラムを計るよう注意してみると、乱雑な人の字がスムーズにならないように、一定な字を書く意識をもちます。

長い原稿を書くときは、時間のスピードはありますが、考えるときにはありますが、時間を計るように大切に原稿用紙にきれいな字を書くことは大事...

---

② 読者投稿欄で意見文を学ぼう

(1) 投稿としてポイント

投稿としてポイントまでをつかむ。比較的関する読者投稿欄は、内容を読む意見欄は、主旨を読ませるため要約として学びます。

新聞の読者投稿欄は、学習に活用できる「意見文」である短く、内容・意見を見る投稿欄は、原則である。名文でなくても、やすく書けば大事に取り組み、社...

(2) 文体練習

敏体練習しよう。

(だ・である体)の文章・文体を、赤で書いてきた意見を、直してみます。常体だ...

要約抜き出し、毎日一つの気になる投稿を切り取り約100字程度に100字としてノートに気になる投稿を貼りを投稿してみそれ切り...

(3) 添削練習

敏体練習しよう。

(だ・である体)の文末を・文体を、赤で書いてきた意見を、直してみます。常体だ...

ごと、受験対策として、高校生の貼ってノートにでも気になる記事を付けるだけでも簡単です。新聞記事の交換日記を仲良しの同級生と、その記事を切り左

⑥ 新聞記事で交換日記

をしながら練習しましょう。重要な段落を見抜くことをその前段階として、中心に全体を短くしながらその段落を見抜くことをめるのが筆者が、それでは五要へ練習よ「

⑤ 段落ごとに要約してみよう

組みやすいでしょう。引くとよいですが、すべての義語を調べとよいでしょう。漢字で書くときに対義語を書いてみるのもとりあえず対義場合に限りよう対

なく、実は要約された新聞文を正しく書く場合に番匠です。要約文というのは全体を短くしながらその前提として、また①〜⑥の段落を中心に読む力が必要とされる「天声人語」を要約する場合も重要な段落を見抜くことが⑥段落構成され五つの要とされ▲

探すことやすく学習する文章方法です。漢字を読みながらその文章を線を引き読みます。対義語をその対義語を紹介しの熟語を

④ コラムを活用して語彙を増やそう

彙を増やす、すジョンや新聞コラムは自由自在に活用できる言葉の宝庫！ここジャーナ的確な表現のバリエーションを増やし、活用した語彙盤

⑦ 複数の新聞を読みくらべよう

事件や事故を比べてみよう。二度読んでみるという記事内容を読む複数の新聞だけどう学校の図書室でいろいろな図書室で読むことはなかなかでしょう

第一面や比べてみよう。だけを比較してみよう。一度見てみるとよいでしょう特長さを比べて新聞が

お問い合わせ複数の新聞を比べるときな種類の新聞を一紙だけどう学校の読むとよりなんだけに置いてあるとはなくしれな

書き記事を考えた下段に、次の選んだときに自分の人はだれだと右ページに同じ記事をくらべる書いてスクラップして上段に書き

換えるますます楽しくなっ自分の意見を友達と見た記事を読む合うのも気でこそ特別です。記事同じ記事を書き作文ていまし視野も広がるで読んでした段に書き

文の「要約」に配置しまとめて、人から加えるという仕立てにしてみたとして、最初の通った筋道のある2〇〇字作文が完成したという、2〇〇字論

小論文に書きまとめてみたとして、それを論文に展開するというように、本調べから複数の論拠を挙げ、それを関連づけて具体的に書いた2〇〇字作文という段落と自分が完成したとしょう。つけるのが適切にまとめ、体験談や付け加え「こと」をもとにして、新たな体験談や付け加えというように、作文が大切であります。

新たな体験談や付け加えというように、「論拠」として展開すること、「論拠」とは、2〇〇字から具体的に詳しく報道へ意見文として知った書いた意見文の「主張」つけたという「主張」の段落と自分へ変

必要の資料を読み込んだり、制限時間内でグラフや写真などの資料を設問へ書き分けることの多い小論文です。ですが、2〇〇字で作文を書いてみたら、次は4〇〇字、6〇〇字、8〇〇字と、その長さへ書き分ける小論文が多いでしょう

試験時間は多くの場合、制限時間内でグラフや図、写真などの資料を設問へ書き分けるのは設問が多いように長く

でも書きながら作文を書いてみたら、次は4〇〇字、6〇〇字、8〇〇字と、その長さへ書き分ける小論文が多いでしょう

他者に伝わるための論理的な意見として他者に伝える「主張（結論）」と「論拠」を兼ね備えて、他者に伝えられる文章として成立してくれる2〇〇字作文で練習したら、その最短の長さでその

これは他に「主張（結論）」と「論拠」を練習する2〇〇字作文で練習するための最短の長さだからです

テーマによる主張（結論）は単なる感想ではなく、論理的な意見として他者に伝える「主張（結論）」と「論拠」を兼ね備えて、他者に伝えられる文章として成立してくれる。それを裏づける「論拠」が備わるから

いくつかのテーマによる主張（結論）2〇〇字作文で練習するのか。その理由は2〇〇字で作文を書けるのが、その最短の長さでその自分が伝えられることができるのが2〇〇字作

試験時間は60分から90分が多い。大学入試では次は4〇〇字、6〇〇字、8〇〇字と、その長さの小論

なぜ2〇〇字で作文を練習するのか。その理由は2〇〇字で作文を練習するのが、論理的な意見（結論）と「論拠」を兼ね備えての最短の理由は2〇〇字

作文から小論文へ

◆ 2〇〇字から8〇〇字への展開

筆者からみなさんへ

123

英語的な文を考えるには、英語で考えるとよいでしょう。論拠の立場を比べて賛否が見えてくる箇所が比べてみると、英語に変換しやすいものです。翻訳サイトに日本語を入れてみて、自分が書いた日本語を英語に訳してみてください。

語力や文法、データベースとは自分が外国語学習のように、短い論理的な日本語を書くこと、二〇〇字作文にも役立ちます。翻訳サイトに二〇〇字作文を入れて英訳してみたら、不正確な訳になったら、自分が英語へ書いたときに最初に書いたような、正確な書き方をした日本語へと書き直してみてください。

日本語能力をおろそかにしながら英語力を鍛えるとしても、アウトプットの外国語の基盤としていえます。

日本語で思考する訓練に、相手を説得する時や、交渉したり、論破したりする表現や翻訳にもあたり、わかりやすくても、二〇〇字作文を書いて英語で論理的な日本語を書くことにも役立ちます。

双方のメリットが見えてくる箇所と、本作文を使える言い回しに試みなど、英語で二〇〇字作文を書く賛否の立場を同時に書いてみるというのは、無料で何回も外国語学習のように複数の視点の設問な反対の立場で英語で二〇〇字作文に、反対の立場から賛成・反対それぞれの反対

◆外国語学習への活用

を積み重ねることが上達への近道です。二〇〇字作文を何度も書いてみると、必ず小論文が書けるようになるはずです。小論文を書けるようになる理由は、二〇〇字作文を十分に分量や所要時間の感覚も身について、六〇〇字の〇〇〇字になるのがわかるようになるでしょう。

二〇〇字作文を書くという意識を持つが身につくことで小論文要約「約」にまとめてみると、所要時間や分量程度に取り組んでみるだけで小論文を書くときに考えてみると、文章を書く身について、六〇〇字の小論文を書ける人には、限ら

ぜひ二〇〇字作文を書いて、とは長い作文を書くのであれば、二〇〇字作文でも、一二〇字内であっても、字の小論文のようなことに書けるようにして、作文練習

学校から社会へ

◆「書くこと」の効用　①　「自分」を育てる

話す・聞く・書く、実はどれも思考を言語化するという点では同じですが、表現として結果に残るという意味では、書く行為だけが他とは異なります。話したり聞いたりしたことは、その思考は可視化されることなく消えてしまいますが、一方で書くことによって自分自身の思考が同時に、思考の輪郭がはっきりとしてきて、順序だてて考えることもできるようになり、自分の思考を認知することもできるようになり、表現しやすくなるのです。

ご自身の取り組む「書くこと」として、「自己」を育てるということが大切にしていきたいことであり、自己理解が深まり、その内面を育てていくように、作文が書き込まれた本書を、それまで知らなかったように、思考を知り、という本書の課題の思考の自己

◆「書くこと」の効用　②　「より良い世の中をつくる」

多様で豊かな社会をつくるには、自分とは異なる立場・世代の人が本気で書いた作文に本気で向き合い、その人が本気で伝えたいことを受け止め、対話が生まれるように、同じ課題に添えられた作文を読み比べ、自由に意見を交わし、自由に意思表示ができるような、「仲間」という考えで、本書の課題に取り組んでいます。

仲間が互いに社会を支えるには、同じ意見を持つ人の中で「仲間」「同僚」として考えるだけでなく、異なる意見を持つ人とも「仲間」として互いに存在していることを知り、「ピア（peer）」という言葉を知っていますか。「仲間」「同僚」という意味の英語

本書が、こ
れじ行為が、どちらであり「翼」です。知らない土地でしかからのあなたを支え、願っています。

ますますときには、自分を表現するときには、今、学校で学んでいる人、社会に出て働いている人、これから社会に出ようとしている人、振り返るときには新しい学びへと羽ばたいていく。現在の自分から次の自分へ身を移すときは、自分を支える言葉の力は大変な「杖」となり、自分の立つ位置を示してくれる。やがて社会へと羽ばたくとき、言葉の力は未来の自分を探すための道具です。過去の自分を探すための「盾」となり、試練を乗り越えていくための助けとなります。

知らない他者に自分自身を伝えるための世界へと拓いていく言葉の力は、次の世界に自分の存在を伝える「剣」。新しい世界へ自分自身を移すときに、就職のために問われる履歴書・経歴書という言葉の力でもあり、その履歴書・経歴書を書くという言葉の力へと連なっていくことは、言葉の力で

理不尽な生き返り、あらためて学ぶことでのあなたにとって、自分の羽を広げて世界に羽ばたくことであり、足がかりともいえるのな、同じ行為は、どちらでも受験でれに行為が、

◆言葉の力は「杖」と「翼」

伝える社会を大切にしましょう。仲間と学ぶことにより、仲の良い世の中へと変えていけたら、自分の考えをアウトプットできる社会に広がっていきます。自分の考えを持ち、表現する人に

現力を鍛えましょう。

✓自己添削チェックリスト

作文を書いたら、自分で添削する習慣をつけましょう。人に添削してもらうのもいいですが、その前に自分で読み直し、チェックすることで、つまずきがちなポイントを自分で発見することができます。

1 形式について

① 氏名（フルネーム）を正しい字で書いているか、記入個所は間違っていないか） □

② 分量（9割以上。字数オーバーをしてはいけません） □

③ 段落の冒頭は一字下げであるか。 □

④ 文体が統一されているか。常体のほうが望ましい。 □

⑤ 字の濃さ、大きさは適切か。 □

⑥ 同じ文末表現を繰り返していないか。 □

⑦ 口語的表現を使っていないか。 □

⑧ 誤字・脱字はないか。 □

⑨ 簡単な語句を仮名で書いていないか。 □

⑩ 長すぎる一文はないか。 □

⑪ 文の係り受け、接続は適切か。 □

⑫ 用紙の汚れ、欄外の落書きはないか。 □

⑬ 数字の表記は漢数字、または洋数字に統一されているか（二千五百、二五〇〇、2500のような書き方のうち、どれか一つに統一されているか） □

⑭ 行頭に句読点がないか。 □

2 内容について

① 問題提起（「〜について」）はあるか。 □

② 意見（「私は〜と考える」）はあるか。 □

3 論拠（理由）について

① 複数の論拠を挙げているか。 □

② 具体的な体験やデータの裏づけがあるか。 □

③ 反対意見に対して有効な論拠はあるか。 □

④ 論拠の順序は論理的か。 □

⑤ 論拠ごとに段落を分けているか。 □

⑥ 資料の本文（課題文）の要約や引用はあるか。 □

⑦ 引用や出典の部分を自分の意見と区別し、カギカッコなどで明示しているか。 □

⑧ 意見とまとめが首尾一貫しているか。 □

⑨ 「提言」「改善策」などを提示しているか。 □

⑩ 設問の要求にこたえているか。 □

⑪ 時間内に完成したか。 □

4 ひらがなで書く方が読みやすい語句の例

① 色々な —— いろいろな □

② 様々な —— さまざまな □

③ 出来た —— できた □

④ 沢山 —— たくさん □

⑤ 〜の為 —— 〜のため □

✓ 書き言葉への置き換えリスト

口語的表現（話し言葉）はいけません！

	話し言葉	書き言葉
①	すごくためになった。	とても、だいへん
②	違くて	そうではなくて
③	ちゃんと	きちんと
④	〜だ。なので私は…	だから、したがって、ゆえに
⑤	〇〇だなと思った…	なので
⑥	〇〇なんだと思う。	だ、である
⑦	〇〇について知れた。	知ることができた。
⑧	教えてあげれなかった。	あげられ
⑨	書けちゃいそうな	てしまい
⑩	困ったけど	けれど
⑪	気をつけなきゃいけない。	なければ
⑫	〇〇しちゃう	てしまう
⑬	〇〇だけど	だけれども、だが
⑭	とっても	とても
⑮	私のお母さんは、お父さんは	母は、父は
⑯	これとか	など
⑰	〜って思った。	〜と、〜だと
⑱	びっくりした。	驚いた。
⑲	私（わたし）的に	私としては、私が考えるには

伊藤久仁子（いとう・くにこ）

1965年東京都生まれ。東京学芸大学教育学部卒業。早稲田大学専攻科（国語教育）修了、法政大学大学院修士課程（経営学研究科）修了。共立女子第二中学校高等学校国語科教諭、キャリアデザインアドバイザー。共立女子大学非常勤講師。キャリア意識を高める小論文を指導する。女子校と男子校が短歌創作で交流する授業を実践で第48回読売教育賞国語教育部門最優秀賞（1999年）。2014年から朝日中高生新聞で「天声人語で200字作文」の出題・解説を手がける。学校心理士。

■作文執筆協力

本書で紹介した生徒の作文は、本書のために、以下の学校や塾のほか、朝日中高生新聞の読者に協力していただきました。なお、生徒の学年は、作文執筆時の2019年度のものです。

（五十音順）

共立女子第二中学校高等学校
桐生アカデミー
岡北学院
自修館中等教育学校
白梅学園清修中高一貫部
東京都荒川区立第九中学校
立教池袋中学校・高等学校
和歌山県那智勝浦町立色川中学校

■本書の「課題」と「文章上達のポイント」は朝日中高生新聞で2014年から連載中の「天声人語で200字作文」のコーナーを再構成したものです。

■表紙・本文イラスト
ふじわらのりこ

高校・大学入試対応
200字から始める
作文・小論文 上達ワーク

2020年11月30日　第1刷発行
2024年7月31日　第5刷発行

著　　　伊藤久仁子／朝日中高生新聞

発行元　朝日学生新聞社
　　　　電話　03-3545-5436

発売元　朝日新聞出版
　　　　〒104-8011 東京都中央区築地5-3-2
　　　　電話　03-5540-7793（販売）

印刷所　株式会社シナノパブリッシングプレス

© Kumiko Ito/Asahi Gakusei Shimbunsha 2020 Printed in Japan
ISBN978-4-02-191107-1　C6081
Published in Japan by Asahi Shimbun Publications Inc.
定価はカバーに表示してあります。
落丁・乱丁の場合は朝日新聞出版業務部（電話 03-5540-7800）へご連絡ください。
送料弊社負担にてお取り替えいたします。